BWL kompakt

Der Apothekenberater für Ihre Wirtschaftlichkeit

Marcella Jung

BWL kompakt

Der Apothekenberater für Ihre Wirtschaftlichkeit

Digitale Inhalte passend zum Buch unter: www.jung-akademie.online

5., überarbeitete Auflage 2025

Die Deutsche Nationalbibliothek verzeichnet diese Publikation in der Deutschen Nationalbibliografie; detaillierte bibliografische Daten sind im Internet über dnb.dnb.de abrufbar.

Hinweis:
Die Informationen und Ratschläge in diesem Buch sind von der Autorin und den Herausgebern sorgfältig geprüft worden. Dennoch kann eine Garantie nicht übernommen werden. Eine Haftung des Autors, der Herausgeber und der Produzenten und seiner Beauftragten für Personen-, Sach- und Vermögensschäden ist ausgeschlossen.

© 2025 Marcella Jung, Jung-Akademie

Herstellung und Verlag: BoD – Books on Demand, Norderstedt

ISBN: 9783759775740

Inhalt

Vorwort der Autorin · **1**

1. Grundlagen der BWL bei Apotheken · **3**
1.1 Warum gibt es die Betriebswirtschaftslehre (BWL) · 3
1.2 Das Robinson-Crusoe-Projekt · 4
1.3 Ziele betriebswirtschaftlichen Handelns · 7
1.4 Denkbare Ursachen für die schlechte Wirtschaftslage der Apotheken · 10

2. Die Apotheke als Unternehmen – Instrumente der Erfolgsmessung und Vermögensdarstellung · **14**
2.1 Die Mehrwertsteuer · 15
2.2 Die Gewinn- und Verlustrechnung (GuV) in der Apotheke · 17
2.3 Instrumente zur Darstellung des Apothekenerfolgs im Überblick · 57
2.4 Apotheken in Deutschland – Fokus Wirtschaftlichkeit · 67
2.5 Die betriebswirtschaftliche Analyse (BWA) – die kurzfristige Erfolgsrechnung · 72
2.6 Die Bilanz · 111
2.7 Der Jahresabschluss · 129

3. Die Kalkulation · **132**
3.1 Grundlagen der Kalkulation · 133
3.2 Ermittlung der Gewinnschwelle: Break-even-Point (BEP) · 148
3.3 Formen und Aufgaben der Kalkulation · 150
3.4 Die Apotheken-Zielgruppen und ihre Bedürfnisse · 157
3.5 Praktische Hinweise für Ihr persönliches Kalkulations-Tool · 170
3.6 Kassenabschlag und andere Katastrophen – aktuelle wirtschaftliche Marktlage kennen und Maßnahmen ableiten · 174
3.7 Die Nachkalkulation · 178
3.8 Fazit und Schlussbetrachtung · 181

Abkürzungen · **183**
Literaturempfehlungen · **185**
Die Autorin · **186**
Dank & Gewinnspiel · **187**

Vorwort der Autorin

Betriebswirtschaftliche Überlegungen sind kein Bestandteil einer pharmazeutischen Ausbildung. So sehe ich sehr häufig in meiner beruflichen Praxis als Beraterin von Apothekern, dass ein Apotheker vom Vorgänger eingefahrene Wege übernimmt und/oder selbst im Laufe der Zeit seine eigenen Erfahrungen mit der BWL macht (learning by doing). Hierbei spielt der Steuerberater eine entscheidende Rolle. Die meisten meiner Kunden verlassen sich auf ihren Steuerberater. Das ist sicher richtig, allerdings nur bis zu einem gewissen Punkt. Die betriebswirtschaftliche Steuerung der Apotheke fast vollständig in fremde Hände zu legen, ist durchaus riskant. Der Fokus des Steuerberaters ist nun mal der steuerlich korrekte Jahresabschluss. Für die unterjährige Apothekensteuerung bedarf es jedoch das Wissen eines Beraters mit BWL-Hintergrund. Die Steuerung des Gewinn ist Ihr Ziel.

Daher empfiehlt es sich für jeden Apotheker, sich selbst die Grundlagen der betriebs wirtschaftlichen Unternehmensführung anzueignen, um gerade in wirtschaftlich unsicheren Zeiten eine genaue Vorstellung über die Kostenstruktur, Umsatzentwicklung und Erfolgssituation seiner Apotheke gewinnen zu können. Besonders bei sinkenden Gewinnen oder gar bei bereits erzielten Verlusten ist dies von hoher Bedeutung.

Dieses Buch hilft Ihnen beim Verständnis mit vielen Beispielen aus dem Apothekenalltag. So können Sie effizienter Gespräche mit Ihrem Steuerberater führen und gezielt Ihren wirtschaftlichen Erfolg planen. Des Weiteren erhalten Sie hier die Grundlagen, um sich bei Bankgesprächen positiv positionieren zu können, weniger Zeit mit den administrativen Aufgaben verbringen zu müssen und Mittel zu finden, kosteneffizient zu arbeiten. In kurzen und einfachen Beschreibungen wird das Wesentliche der betriebswirtschaftlichen Unternehmensführung einer Apotheke geschildert. Die Auswertungen von Steuerberatern werden erklärt und es wird deutlich werden, wo der Erfolg für den Apotheker liegt. Sämtliche Übungen und Anregungen sind in der Praxis getestet worden und finden seit Jahren Anwendung.

Kombinieren Sie Ihr Wissen mit Führungskompetenz und teilen Sie die BWL-Welt mit Ihrem Team. Es zeigt sich eindeutig, dass Mitarbeiter mit besserem Verständnis für die BWL-Hintergründe stärker motiviert sind. Zusätzlich können Sie mehr Erfolg mit cleverem Marketing erzielen. Finden Sie hierzu auf der Seite der Literaturempfehlungen weitere Buchempfehlungen. Viel Spaß mit der BWL und viel Erfolg bei der Umsetzung!

Ihre
Marcella Jung

1. BWL-Grundlagen für Apotheken

1.1 Warum gibt es die Betriebswirtschaft (BWL)?

Der Fortschritt der Menschheit beruht auf dem Streben der Menschen, immer hochwertiger und expansiver zu leben. Bei diesem kontinuierlichen Bemühen um Verbesserung verbrauchen wir die Güter dieser Erde. Das sind zum einen materielle und immaterielle Ressourcen wie beispielsweise Rohstoffe und Lizenzen, aber auch menschliche Ressourcen wie deren Arbeitskraft. In der Welt der BWL geht es nun vor allem darum festzulegen, wie viel man für eine bestimmte Ressource auszugeben bereit ist. Die Wirtschaft umfasst alle menschlichen Tätigkeiten zur Bedürfnisbefriedigung. Da die Bedürfnisse in der Regel unbegrenzt sind, die Mittel zur Bedürfnisbefriedigung aber von Natur aus knapp sind, entsteht ein Spannungsverhältnis zwischen dem Bedarf und den Bedarfsdeckungsmöglichkeiten. Daher gilt stets: Je knapper ein Gut, desto wertvoller – und damit auch teurer – ist es. Das betriebswirtschaftliche Denken und Handeln beinhaltet, dass wir als Käufer und Verkäufer von Gütern und Leistungen auftreten und dabei über Angebot und Nachfrage deren Preis bestimmen. Diese Zusammenhänge werden in der BWL mit dem „ökonomischen Prinzip" beschrieben. Die Konsequenz: Der Mensch wird zum „Wirtschaften" gezwungen, d. h., er muss die vorhandenen Mittel so einsetzen, dass das größtmögliche Maß an Bedürfnisbefriedigung erreicht wird.

**Grundlage des betriebswirtschaftlichen Denkens und Handelns:
Das ökonomische Prinzip**

Minimalprinzip:	**Maximalprinzip:**
„Ein **bestimmtes Ziel** soll mit geringstmöglichem Aufwand erreicht werden." (Ziel/Ertrag ist fix!)	„Mit einem **bestimmten Aufwand** ist größtmöglicher Ertrag zu erreichen." (Aufwand ist fix!)

Wer neben seinen Fachkenntnissen nicht über dieses wirtschaftliche Grundwissen verfügt, wird über kurz oder lang auf einen Fachmann zurückgreifen müssen, um in seinem Unternehmen erfolgreich wirtschaftlich handeln zu können. Oder man eignet sich die Grundkenntnisse der BWL selbst an. Für Sie als Pharmazeuten bedeutet dies: Zum einen müssen Sie stets über alle notwendigen Kenntnisse hinsichtlich der angebotenen Medikamente verfügen. Zum anderen sollten Sie im Blick haben, dass die Bündelung von Waren bessere Einkaufskonditionen mit sich bringt, das Anbieten von Kundenrabatten nicht immer zu Mehrumsatz führt oder der Mangel an Fachpersonal es notwendig macht, mit den vorhandenen Mitteln maßvoll umzugehen. Das ökonomische Handeln ist also neben Ihren Fachkenntnissen elementar.

1.2 Das Robinson-Crusoe-Projekt

Stellen Sie sich vor, Sie werden zusammen mit einigen weiteren Apothekern von einem großzügigen Sponsor zu einem Südseeurlaub eingeladen. Plötzlich gerät das Flugzeug in Turbulenzen, der Pilot muss notlanden und kann noch nicht einmal ein Notsignal senden! Die Maschine stürzt auf einer Insel ab. Glücklicherweise ist kein Passagier ernsthaft verletzt, und so klettern Sie mit einem großen Schrecken aus dem Wrack und stellen fest: Keine Infrastruktur, keine Einheimischen, völlige Einsamkeit und kein Handyempfang! Nur Sonne, Palmen und Meer.

Und jetzt? Was machen Sie als Erstes? Einige Gestrandete genießen zunächst etwas die Sonne und den Blick aufs Meer. Doch diese Entspannung dauert nicht lange. Bald laufen Sie wahrscheinlich los und suchen nach Wasser und Essen. Alle auf einmal? Hand in Hand? Nein, wahrscheinlich nicht. Sie werden als zivilisierte Menschen eher strukturiert agieren, d. h., Sie setzen sich mit der Gruppe zusammen und überlegen, wer was kann. Sie verteilen die Aufgaben anhand der einzelnen Fähigkeiten der Anwesenden: Der eine kann sehr gut schwimmen und fängt die Fische, ein anderer kann gut klettern und holt Kokosnüsse vom Baum, ein Dritter hat eine Brille und ist der Einzige, der mit Sonneneinstrahlung durch sein Brillenglas Feuer machen kann. Andere kochen, arbeiten an Rettungsmaßnahmen, suchen Trinkwasser etc.

Jeder bringt ein, was er am besten kann. Das ist die Phase der Aufgabenteilung. Nehmen wir nun an, dass Sie nicht zeitnah gerettet werden und sehr lange auf dieser Insel bleiben müssen. Wie entwickeln sich wohl diese ursprünglich einfach verteilten Aufgaben? Der Fischer hat sich wahrscheinlich Netze gebastelt, der Trinkwasserverantwortliche hat eine kleine Wasserleitung konstruiert etc. Das Werkzeug, das sie verwenden, wird im Laufe der Zeit immer ausgeklügelter. Um noch effizienter und erfolgreicher in ihrem jeweiligen Bereich zu werden, bauen die Einzelnen wahrscheinlich recht schnell eine besondere Expertise auf. Damit befinden wir uns in der Phase der Spezialisierung. Unabhängig von den Aufgaben, die jeder von Ihnen erledigt: Wie sieht es aus mit Ihren Zielen und Bedürfnissen als Menschen? Wie sahen diese zu Beginn aus, als Sie aus dem Wrack geklettert sind, und wie entwickeln sie sich im Laufe der Zeit? Wahrscheinlich sind Sie am Anfang einfach froh, dass Sie überlebt haben, und kümmern sich um die Befriedigung der menschlichen Grundbedürfnisse wie Trinken, Nahrung, Schlafen und Sicherheit des eigenen Lebens. Sobald jedoch der erste Durst und Hunger gestillt sind, werden gehobenere Ansprüche gestellt: Sich nur von den Fischen aus der nahegelegenen Lagune zu ernähren, ist Ihnen bald zu eintönig – Sie wollen Abwechslung im Speiseplan. Und auch die Hütte, die Ihnen nachts einen trockenen und sicheren Platz bietet, reicht Ihnen wahrscheinlich bald nicht mehr aus: Etwas größer und komfortabler sollte es sein und eine schöne Aussicht würde deutlich mehr Lebensqualität vermitteln. Daher bauen Sie eine neue Hütte am benachbarten Hang. In ähnlicher Weise werden sich Ihre Ansprüche in allen anderen Lebensbereichen weiterentwickeln.

Der Amerikaner Abraham Maslow hat für dieses menschliche Verhalten die theoretische Basis geliefert. Die so genannte Maslowsche Bedürfnispyramide. Auch wenn Teile heute widerlegt sind, hilft der Grundgedanke sehr. Die Bedürfnisse der Menschen wachsen demnach pyramidenartig: Die Basis bilden die Grundbedürfnisse. Zur Spitze der Pyramide hin werden die Bedürfnisse immer feiner und edler – je nach individuellem Bedarf. Selbstverwirklichung wird als oberstes menschliches Ziel definiert, das sogar über dem Streben nach Macht, Geld und Karriere steht. Das Entscheidende beim Maslowschen Modell besteht darin, dass der Mensch nach der vollständigen

Befriedigung einer Bedürfnisstufe nur die jeweils nächst höhere erklimmen kann. Das Überspringen einer oder mehrerer Stufen ist nicht möglich. Das bedeutet konkret: Sie können also beispielsweise nicht Ihre Karriere fokussieren, wenn Sie Hunger leiden.

Die Befriedigung des Grundbedürfnisses, das das Überleben sichert, steht immer an erster Stelle – im Bewusstsein und auch im Handeln. Der Mensch ist jedoch von seinem Naturell her so beschaffen, dass er stets versucht, schöner, besser, komfortabler zu leben. Damit sprechen wir von der Phase 3: Ansteigen der Bedürfnisse.

Die Frage ist nun: Können Sie tatsächlich auf dieser Insel immer so weiterleben? Wir Menschen begeistern uns stets für die neueste Technik und bauen dafür massenhaft Rohstoffe ab. Konkret für unser Beispiel heißt das: Wenn Sie stets Ihre Lebensbedingungen verbessern, dann werden Sie die Ressourcen der Insel nach und nach aufbrauchen. In absehbarer Zeit werden die Nahrungsquellen versiegen, das Palmenholz zum Bauen abgeholzt, die Süßwasservorräte leergetrunken sein. Und es sind nicht nur die materiellen Ressourcen, die Ihnen ausgehen können, sondern auch die menschlichen. Je nach Zusammensetzung der Gruppe ist es vorstellbar, dass keine Nachfolgegenerationen geboren werden und die Gruppe langsam ausstirbt. Diese vierte Phase beschreibt die Grenzen menschlichen Strebens. Was nehmen Sie aus dieser Geschichte mit? Unsere Gesellschaft steuert zunächst von der Aufgabenteilung hin zu einer Spezialisierung. Bei der Entwicklung passen sich auch die menschlichen Bedürfnisse an und wir streben nach immer höheren Werten. Dabei verbrauchen wir die Ressourcen dieser Welt, was wiederum dazu führt, dass Güter kostbar werden. Je knapper ein Gut, desto wertvoller. Da wir nicht in der Lage sind, uns stets zu 100 Prozent selbst zu versorgen, müssen wir uns diesen Kreisläufen unterordnen und stets rational und planvoll handeln. Dieses Verhalten ist die Basis für die BWL. Die Ziele betriebswirtschaftlichen Handelns ergeben sich aus diesem Grundprinzip. Denn gehen Fachwissen und Betriebswirtschaft Hand in Hand, können der Einsatz der Mittel und der daraus resultierende Erfolg geplant werden. Das ist die Grundlage des ökonomischen Prinzips, des betriebswirtschaftlichen Denkens und Handelns.

An dieser Stelle darf ich Sie von der Insel in unsere heutige Zeit zurückführen: Diesen geschilderten späten Status der menschlichen Wirtschaft können

Sie auch in Ihrer heutigen Umwelt erkennen: Aus den individuellen Neigungen und Fähigkeiten haben sich die Berufe entwickelt, im Laufe der Zeit sind daraus zudem weitere Spezialisierungen entstanden. Um diese nun erfolgreich vermarkten und koordinieren zu können, bedarf es der Ökonomie.

1.3 Ziele betriebswirtschaftlichen Handelns

Die Ziele betriebswirtschaftlichen Handelns ergeben sich aus dem ökonomischen Grundprinzip: Wenn ein Geschäft aufgebaut wird – sei es beispielsweise, dass eine Apotheke von den Eltern oder einem Vorbesitzer übernommen oder aber auch neu gegründet wird –, dann stehen grundsätzlich dauerhafter Erfolg, Wirtschaftlichkeit und Rentabilität im Vordergrund. Die Unternehmenssteuerung muss also von Anfang an auf langfristigen Erfolg ausgerichtet sein. Alle geschäftlichen Aktivitäten müssen dem entsprechend Rechnung tragen. Aus diesem Hauptziel der langfristigen Unternehmenssicherung leiten sich weitere Teilziele ab:

- Effizienter Einsatz von Ressourcen (u. a. Wareneinsatz, Mitarbeiter, finanzielle Mittel)
- Effiziente Steuerung aller Vorgänge und Abläufe in der Apotheke (permanente Verbesserung)
- Gewinnstreben
- Kapitalerhaltung
- Kostenreduzierung
- Mitarbeitermotivation
- Kundenbindung
- Vorteile gegenüber dem Wettbewerb
- Sinnvolle Zeiteinteilung des Inhabers

Zusammenfassend lässt sich folgern: Betriebswirtschaftlich zu denken und zu handeln bedeutet „ausgewogen" zu agieren, d. h. die Interessen verschiedener betroffener Interessensgruppen (die heute „Stakeholder" genannt werden) nicht zu vernachlässigen, sondern angemessen zu berücksichtigen. Die drei Fokusgruppen sind hier in der Regel Kunden, Mitarbeiter und Kapitalgeber. Sie werden zusammengefasst im „Magischen Dreieck":

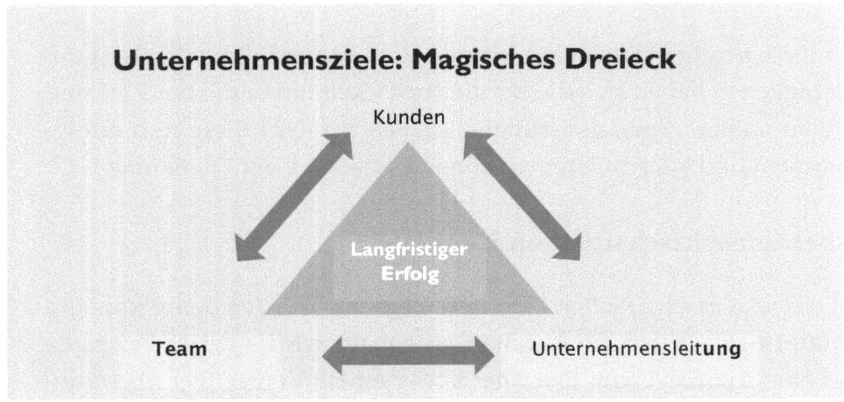

Das Spannungsfeld der drei Hauptinteressengruppen nennt sich magisch, weil sich deren gegenseitige Interessen widersprechen können und dadurch immer eine gewisse Spannung vorhanden ist. Nachhaltiger Erfolg kann nur durch die gleichzeitige und gleichberechtigte Integration der Kerninteressen aller Fokusgruppen erreicht werden. Am Beispiel der Apotheke bedeutet dies konkret: Ein geschickter Apothekenleiter wird immer gut abwägen, welche Interessengruppen wie zu bedienen sind. So sind zum Beispiel lange Öffnungszeiten zwar kundenfreundlich, nicht aber mit allen Mitarbeitern zu vereinbaren. Außerdem steigen dadurch die Personal- und Energiekosten, was die Gewinnsituation des Inhabers negativ beeinflusst. Somit wird er durch ein ausgewogenes Öffnungszeitenkonzept neben den Kundeninteressen auch die der Mitarbeiter sowie die damit verbundenen ökonomischen Konsequenzen in ein gesundes Verhältnis setzen.

Herausforderungen der Apotheken auf dem Weg zur Zielerreichung:

- Starke Einflussnahme durch gesetzliche und politische Entscheidungen
- Lieferengpässe durch Hersteller
- Saisonale Schwankungen, zum Beispiel „Erkältungsmonate"
- In Prioritäten denken und Prioritäten setzen, zum Beispiel sinnvolle Verteilung und Nutzung der Flächen

- Ausreichend motiviertes und fachlich kompetentes Personal
- Wissen um Wünsche und Präferenzen der Kunden, zum Beispiel Einkauf und Präsenz der „richtigen" Ware in der richtigen Menge, Berücksichtigung von „Modeerscheinungen")
- Gut funktionierendes Bestellwesen
- Schnelle Reaktionszeiten bei akuten Situationen (Erkältungswelle)
- Weitere Serviceleistungen: Zustellservice, Beratungsleistungen
- Tarifabschlüsse (Anstieg der Personalkosten)

Aus der Praxis: In Ihrer Apotheke generieren Sie oft mehr als 80 Prozent des Umsatzes über den Verkauf von rezeptpflichtigen Arzneimitteln. Hier gelten jedoch sehr starke Einflussfaktoren von außen (Gesundheitswesen), die oft überdimensionale Folgen auf den Gesamterfolg der Apotheke nehmen. Oft können Sie nur noch Gesetzen folgen, die wenig mit planvollem Handeln zu tun haben. Es gelten übergeordnete Ziele, die der Allgemeinheit dienen.

Trennen Sie die Begriffe „typische" und „durchschnittliche" Apotheke

In vielen Veröffentlichungen über wirtschaftliche Daten von Apotheken werden Ihnen hauptsächlich zwei Begriffe begegnen: die „typische" und die „durchschnittliche" Apotheke. Der Begriff „durchschnittliche Apotheke" wird vom Apotheken-Dachverband (ABDA) verwendet. So ist für das 2022 zu lesen: „Der durchschnittliche Netto-Umsatz einer Apotheke in Deutschland liegt bei 3,22 Millionen Euro pro Jahr (ohne MwSt.). Allerdings gibt es eine sehr breite Streuung. Rund 60 Prozent der Apotheken erreichen den durchschnittlichen Umsatz nicht, während einzelne große Apotheken weit oberhalb des Durchschnitts liegen[1]." Hier werden die unterschiedlichen Apothekendaten addiert und durch die Anzahl aller Apotheken dividiert. Diese Durchschnittswerte sind jedoch kaum so in der Praxis anzutreffen. Deshalb sind Vergleiche mit diesem „Standard" nicht empfehlenswert.

Von einer Steuerberatungsgesellschaft wurde der Begriff „typische Apotheke" etabliert. Hier wird nach Häufigkeit auftretender Ergebnisse gesucht: Welche Apotheke hat welches Betriebsergebnis erwirtschaftet? Die statistisch

---

[1] Quelle: https://www.abda.de/fileadmin/user_upload/assets/ZDF/ZDF-2023/ZDF_23_81_Apotheken_nach_Umsatzklassen.pdf

größte Gruppe wird dann gemittelt und als „typische Apotheke" beschrieben. Das Ergebnis gilt als „typisch", da es sehr häufig vorkommt. Auch der Begriff „typische Apotheke" ist mittlerweile in die Kritik geraten, auch wenn dieser eine sinnvollere Berechnungsgrundlage hat. Da Apotheken nicht verpflichtet sind, Ihre Jahresabschlüsse zu veröffentlichen, stellt sich die Frage, woher diese Steuerberatergesellschaft die Daten hat. Leicht lassen sich die Daten erheben, wenn es der eigene Kundenkreis ist. Aber wer ist alles nicht in diesem Kundenkreis und wird daher auch nicht statistisch erfasst?

Der Begriff an sich sollte nicht im Vordergrund stehen. Die Kritik liegt in dem Vergleich der eigenen Apotheke mit diesen Veröffentlichungen. Ich halte dies für absolut nicht empfehlenswert. Die Verbuchung von einzelnen Posten ist so uneinheitlich und Hochpreiser werden in den meisten Fällen immer noch nicht separat erfasst. Wenn Kostenblöcke in Prozent vom Umsatz angegeben werden, können absolut falsche Ableitungen gezogen werden. Nehmen Sie also diese Zahlen in der Presse kurz zur Kenntnis, aber schließen Sie daraus keine Schlüsse für die eigene Apotheke. Messen Sie stets Ihre eigenen Werte und hinterfragen die Gründe für Veränderungen jeweils pro Standort ganz individuell. Die Marktwerte geben Ihnen einen allgemeinen Trend, aber wichtig ist die Betrachtung der eigenen Situation. Einige Verbände veröffentlichen bundesspezifische Marktdaten und wenn Sie es noch genauer haben wollen, muss eine teure Marktforschung vorgenommen werden. Investieren Sie lieber in sich, statt zu viel Zeit in fremde, möglicherweise halb vollständige, Daten zu stecken. Auf www.abda.de können Sie sich über aktuelle Apothekenbetriebsstätten-Zahlen erkundigen.

1.4 Denkbare Ursachen für die schlechte Wirtschaftslage der Apotheken

Die aktuell schlechte wirtschaftliche Lage von Apotheken hat verschiedene Ursachen. Da mag die Pandemie ab März 2020 kurzfristig eine wirtschaftliche Verbesserung ergeben haben, gemeint ist jedoch die allgemeine Situation ca. seit dem Jahr 2012. Selbst innerhalb der Corona-Pandemie hat sich die Lage vielerorts verschlechtert.

1. Ursache: Unangemessen niedrige Vergütung der Rx-Leistung, inklusive Handwerksfehler

Es ist offensichtlich, welch hohem gesetzlichen Einfluss Apotheken unterliegen. Wenn eine Apotheke 80 Prozent und mehr Rx-Umsatz generiert, ist nun mal dieser Einnahmeanteil fremdbestimmt. Der Gesetzgeber legt fest, wie viel Vergütung Sie für diese Leistung erhalten (AMPV). Die genaue Zusammenstellung des Umsatzes wird später noch beleuchtet.

Im GMG[2] -Gesetz (2004) ist der Fix-Zuschlag von 8,10 € definiert worden. Er wurde nicht einer Dynamik unterlegt, sondern blieb acht lange Jahre konstant. Während dieser Zeit stiegen die Betriebskosten (Mieten, Tariferhöhungen, Versicherungen etc.) in den Apotheken stetig. Dies gipfelte ungefähr im Jahr 2012. Wer damals Miete zu zahlen hatte und eine normal gesunde Personaldecke trug, hat im Regelfall höhere Betriebsausgaben als Einnahmen für Rx gehabt. Die Erhöhung des Fixzuschlags im Jahr 2013 auf 8,35 € ging mit dem gleichen handwerklichen Fehler einher und blieb wieder ohne eine Dynamisierung. Es folgten wieder Kostenerhöhungen und nicht selten aufgrund von gesetzlichen Auflagen wie Datenschutz, Securpharm, Bonpflicht etc. Allein die beiden Tariferhöhungen im Sommer 2013 und 2014 sind so ins Gewicht gefallen, dass der positive Effekt da bereits aufgezehrt wurde. Im Jahr 2023 sprechen wir immer noch von 8,35 €. Und dass bei dem größten Teil des Umsatzes!

Auch die Folgen des AMNOG (2011) trugen zur wirtschaftlichen Verschlechterung bei. Der Abschlag an die gesetzliche KV wurde erhöht und gleichzeitig der Apotheken-Großhandel die Einkaufskonditionen für Apotheken kurzfristig und sehr schmerzlich verschlechtert hat. In beiden Fällen konnten sich Apotheken kaum oder gar nicht wehren und verloren massiv am Ergebnis. Im Jahr 2023 ist der Abschlag von 1,79 € auf 2,00 € erhöht worden! Im Jahr 2024 gehen die gesetzlichen Strafmaßnahmen weiter und das BGH verbietet den Lieferanten die Vergabe eines Skontos im Rx-Bereich. Das alles führt dazu, dass die Apotheken immer weniger unter dem Strich Gewinn generieren können. Die Fremdbestimmung ist hochgradig negativ und über die Rx-Vergütung besteht Stillstand. Mittlerweile können sich die Apotheken fast

---

[2] Gesetz zur Modernisierung der gesetzlichen Krankenversicherung (11/2003), GKV-Modernisierungsgesetz (GMG) hatte zum Ziel, die Beiträge zur ges. KV und damit die Lohnnebenkosten dauerhaft zu senken. Die Auswirkungen für Apotheken lagen vor allem in der Neuberechnungen des Rx-Umsatzes (Kombimodell), Lockerung des Mehrbesitzverbots, Erlaubnis des Versandhandels für Arzneimittel sowie freie Kalkulation im non-Rx-Bereich.

nur noch über Kostensenkung erholen – was aber in der Praxis so gut wie nicht machbar ist.

2. Ursache: Hausgemachtes „Helfersyndrom"
Zu den gesetzlichen Ursachen kommen noch „hausgemachte" hinzu. Im Jahr 2004 wurden die Preisregulierungen im non-Rx-Bereich entschärft. Weiterhin durften bis zu drei Filialen zur Hauptapotheke eröffnet werden und die Versandapotheken kamen. Dies hatte einen erhöhten Preiskampf zur Folge. Meist sind die Preise gesenkt worden (man möchte dem Kunden etwas Gutes tun und hat Angst, dass er fernbleibt, wenn man nicht Angebote macht) und nur wer wirklich nachgezählt hat, hat festgestellt, dass er die Mehrmengen nicht geschafft hat, die notwendig gewesen wären, um wenigsten den gleichen Gewinn halten zu können. Dieser Preiskampf verursachte also eine zusätzliche Verschlechterung der Betriebsergebnisse. Die Kosten stiegen Jahr für Jahr durch Tariferhöhen, Mietsteigerungen oder zum Beispiel Modernisierungsausgaben. Das Helfersyndrom lässt es aber nicht zu, die erhöhten Kosten an die Kunden weiterzugeben. So höre ich häufig „der Aufschlag war schon immer so!", bei der Frage, warum erhöhte Kosten über die Erhöhung des Aufschlags (Kalkulation) nicht an Kunden weitergegeben werden. Die Spirale der Angebote fing an sich zu drehen, aus der heute kaum ein Entkommen möglich ist.

Zum Helfersyndrom gehört es auch, dass selbst wenn der Chef die Preise erhöhen würde, er dann den größten Widerstand im Team wiederfindet. „Man könne die Preise nicht erhöhen, da unsere Kunden die Preise kennen", heißt es dann aus dem HV.

Weitere Ursachen
Die erst genannten Ursachen haben die stärkste Auswirkung auf die negative wirtschaftliche Entwicklung der Apotheken. Aber selbst Apotheken, die eine vernünftige Preiskalkulation anwenden, kommen um die steigenden Kundenansprüche nicht herum. Sie müssen gegen die häufigen Negativberichterstattungen der Presse ankommen und dürfen sich gleichzeitig mit Drogeriemärkten „batteln".

Das Warten auf den Steuerberater, Bürokratisierungswahn oder auch der Fachkräftemangel haben das Bild weiter gemalt.

12

Schon vor der Pandemie hat der Versandhandel den Erfolg der stationären Apotheke deutlich negativ beeinflusst. In der Zeit von April 2020 bis Juni 2020 haben die Kunden während des ersten Lockdowns den Online-Versand neu für sich entdeckt und Apothekenware hatte hier einen starken Umsatzzuwachs. Wie viele dieser Kunden kommen eventuell gar nicht mehr in eine stationäre Apotheke, weil sie hier gute Erfahrungen gemacht haben?

Die tarifliche Vergütung aller Berufsbilder in der Apotheke ist – meiner Meinung nach - ein Schlag ins Gesicht, verglichen mit der Leistung und Verantwortung, die alle Angestellten tragen. Die führt zu einer stark angespannten Situation. Wir sprechen von einem Arbeitnehmer-Markt. Die Bewerber, sofern es welche gibt, geben vor, wie viel sie verdienen möchten und vor allem, wie viel sie arbeiten wollen. Die Arbeit wird immer mehr und das Personal immer weniger. Auch hier ist der Kollaps absehbar. Die Aussicht? Katastrophal! Uns fehlt künftig Apothekenfachpersonal mehr denn je! Etwas Entspannung ist durch die vielen Apothekenschließungen zu erwarten, aber richtig kompetentes und engagiertes Personal ist sehr schwierig zu finden bzw. zu halten.

Die Situation ist sehr schwierig und es bedarf mehr denn je einer sehr guten Managementleistung sowie einer deutlich stärken gemeinsamen Öffentlichkeitsarbeit. Das Streiken der Apotheker hat nach wie vor zu wenig bewegt, aber es gibt einen Anfang.

2. Die Apotheke als Unternehmen – Instrumente der Erfolgsmessung und Vermögensdarstellung

Was bedeutet Erfolg in einer Apotheke und wie wird er ermittelt?

Für den unternehmerischen Erfolg spielen viele verschiedene Aspekte eine Rolle, zum Beispiel sehr hohe Einnahmen aus dem laufenden Geschäft, engagierte Mitarbeiter und eine angemessene Liquidität. In diesem Kapitel nehme ich zunächst Bezug auf das Ergebnis der vielen Erfolgsaspekte: den Gewinn.

Die Frage nach dem geschäftlichen Erfolg wird in der Betriebswirtschaftslehre mit diversen Kennzahlen beantwortet. Der wesentliche Bestandteil dieser Kennzahlen ist jedoch immer der Gewinn. Was versteht man nun genau darunter und wie wird dieser ermittelt?

In der Regel bedienen sich Einzelunternehmer der Einnahmen-Ausgaben-Rechnung bzw. Einnahmen-Überschuss-Rechnung (EÜR) sowie der Gewinn- und Verlustrechnung (GuV), um ihre Einnahmen und Ausgaben abzugleichen und den resultierenden Gewinn zu errechnen. Apotheken werden in der Gesellschaftsform der Einzelunternehmen klassifiziert. Im Fall von kleineren Einzelunternehmen bis 600.000 Euro Jahresumsatz bzw. 60.000 Euro Gewinn per anno reicht die EÜR. Darüber ist man bilanzierungspflichtig und eine GuV und Bilanz sind Pflicht. Kapitalgesellschaften, zum Beispiel GmbHs und Aktiengesellschaften, erstellen immer eine Bilanz.

Die Steuererklärung für den Besteuerungszeitraum 2023 muss am 2. September 2024 beim Finanzamt sein, sofern Sie selbst die Erklärung erstellen. Die Steuererklärung für 2024 muss spätestens am 31. Juli 2025 beim Finanzamt abgegeben werden. Erst ab 2025 gilt für alle Steuerpflichtigen die »normale« Abgabefrist. Beachten Sie die jeweiligen Sonderfristen bei Wochenende oder besonderer Situationen. Wenn Sie die Hilfe eines Steuerberaters oder eines Lohnsteuerhilfevereins in Anspruch nehmen, haben Sie üblicherweise bis zum 28.2. des übernächsten Jahres Zeit für die Abgabe der Steuererklärung.

Alle Angaben sind immer „netto". Was bedeutet das?

2.1 Die Mehrwertsteuer

Grundsätzlich ist zwischen den folgenden drei Begriffen zu unterscheiden: Vorsteuer, Umsatzsteuer und Mehrwertsteuer. Es gibt eine sehr leichte Eselsbrücke, wie Sie es sich merken können:
Der Fluss von Waren und Geld erfolgt von der Lieferung über die Apotheke hin zum Kunden. Sie befinden sich in diesem Prozess bildlich in der Mitte.

- Wenn Sie Ihren Kunden etwas verkaufen, generieren Sie Umsatz. Auf dem Bon weisen Sie die gesetzliche MwSt. aus: 19 % MwSt. Aus IHRER Sicht sprechen Sie also von der eingenommenen UMSATZSteuer.
- Vorher haben Sie aber die Ware beim Lieferanten eingekauft. Die Rechnung, die Sie erhalten haben, enthält ebenfalls die ges. MwSt. von 19 %. Aus IHRER Sicht entspricht diese bezahlte Steuer der VORSteuer.
- Das Finanzamt möchte jeden Monat die Umsatzsteuer von Ihnen haben. Sie sind aber als Kaufmann vorsteuerabzugsfähig! Sie sagen also dem Finanzamt, wie viel USt. Sie eingenommen haben, argumentieren aber gleichzeitig, dass Sie im gleichen Monat jedoch ebenfalls schon Vorsteuern an andere gezahlt haben. Die beiden Posten (eingenommene (Umsatzsteuer) und ausgegebene (Vorsteuer) Steuern) werden miteinander verrechnet und die Differenz heißt Mehrwertsteuer. Denn: durch Sie und Ihre Dienstleistung ist ein Mehrwert entstanden. Sie verkaufen (hoffentlich) die Ware teurer an den Kunden, als Sie es eingekauft haben. Diese Differenz ist die eigentliche Besteuerungsbasis für die Mehrwertsteuer.

Bei der Ermittlung der Brutto-Verkaufspreise multiplizieren Sie Ihren Netto-Verkaufspreis mit dem Faktor 1,19 – sofern es sich um den normalen Steuersatz von 19 Prozent handelt. Beim ermäßigten Mehrwertsteuersatz von 7 Prozent rechnen Sie entsprechend mit dem Faktor 1,07. Und umgekehrt: Suchen Sie den Netto-Wert, so dividieren Sie den Brutto-Preis mit 1,19 bzw. 1,07.

Faustformel:

Mehrwertsteuer hinzurechnen = Nettopreis (kfm. gerundet) × MwSt.-Faktor

Mehrwertsteuer herausrechnen = Bruttopreis ÷ MwSt.-Faktor

Sind Sie am Anfang Ihrer Geschäftstätigkeit, kann es durchaus passieren, dass Sie mehr Ausgaben als Einnahmen hatten. Somit haben Sie automatisch auch mehr Vorsteuer bezahlt als Umsatzsteuer eingenommen. Auch hier wird monatlich dies dem Finanzamt bei der Umsatzsteuererklärung dokumentiert und Sie erhalten die Differenz erstattet. Daher sagt man immer „durchlaufender Posten". Davon werden Sie weder arm noch reich. Es interessiert nicht wirklich, wie hoch diese Steuerbelastung ist, da nur die Netto-Werte relevant sind.

Bei (längeren) Zahlungszielen Ihrer Kunden fällt der Umsatz bei Rechnungsstellung an. Dann müssen Sie die monatliche Mehrwertsteuerzahlung vor dem Geldeingang des Kunden an das Finanzamt leisten. Hier kann es tatsächlich zu einem Liquiditätsengpass kommen. Da es sich aber wahrscheinlich um einen fortlaufenden Prozess handelt, gleicht sich dies wieder aus. Hier hilft Ihnen Ihr Steuerberater, die richtige Leistungsart zu bestimmen. Er klärt, ob Sie bei Leistung (Akt der Handlung) oder bei tatsächlichem Geldeingang besteuert werden. Endverbraucher müssen auf ihrer Rechnung ebenfalls die 19 (bzw. 7) Prozent Mehrwertsteuer bezahlen, sind aber nicht berechtigt, Vorsteuer und Umsatzsteuer miteinander zu verrechnen.

Die Mehrwertsteuer[3] sollte in Ihrer Geschäftstätigkeit niemals ein wirtschaftlicher Entscheidungsfaktor sein. In der Regel ist die Mehrwertsteuer monatlich zu berechnen und ans Finanzamt abzuführen. Diese Zahlungen sollten keine Liquiditätsengpässe verursachen, da Sie diese Abgaben ja zusätzlich zum Verkaufspreis des Produkts vom Kunden eingenommen haben.

---

[3] Im Zuge des Corona-Konjunkturpakets wurde ab Juli bis Dezember 2020 der Regelsatz von 19 auf 16 Prozent und der ermäßigte Satz von 7 auf 5 Prozent gesenkt.

2.2 Die Gewinn- und Verlustrechnung (GuV) in der Apotheke

Die Gewinn- und Verlustrechnung ist ein Dokument, das im Zuge des Jahresabschlusses erstellt wird und den Erfolg der Apotheke darstellt. Bilanzierungspflicht bedeutet, Sie erstellen eine Gewinn- und Verlustrechnung im Rahmen der Bilanz. Die Idee zur Erfolgsmessung ist bei beiden Instrumenten – EÜR und GuV - jedoch dieselbe.

Tipp: Der schöne Schein – das Wording ist wichtig
Wenn Sie nicht zur Erstellung der GuV verpflichtet und dennoch darauf bedacht sind, ein besonders professionelles Bild nach außen zu geben, empfehle ich Ihnen den Begriff „Gewinn- und Verlustrechnung" zu verwenden, anstatt „Einnahmen-Überschuss-Rechnung". Sie können auch Bankgespräche dadurch positiv beeinflussen, indem Sie so signalisieren, dass Sie mit den Geschäftsvorgängen der „Großen" vertraut sind. Auch im Falle des Verkaufs einer Apotheke gewinnt der Käufer auf diese Weise einen guten Eindruck. Sagen Sie also: „Hier sehen Sie meine Gewinn- und Verlustrechnung zur Beurteilung des Erfolgs der Apotheke." Noch besser wirken sogar Abkürzungen: „Hier sehen Sie meine GuV zur Beurteilung des Erfolgs der Apotheke". Das „u" bitte als „und" aussprechen.

Um den Gewinn, und somit den Erfolg, berechnen zu können, stehen zwei Fragen im Vordergrund:

- Wofür geben wir Geld aus, um unsere Apotheke betreiben zu können? (Ausgaben/ Aufwendungen)
- Wofür nehmen wir in der Apotheke Geld ein? (Einnahmen/Erträge)

Für Ihre GuV verwenden Sie die Daten aus dem vergangenen Geschäftsjahr. Bei Apotheken ist das Wirtschaftsjahr der Zeitraum, für den sie regelmäßig Abschlüsse machen. Meist entspricht es dem Kalenderjahr. Man kann auch ein vom Kalenderjahr abweichendes Wirtschaftsjahr (z. B. März bis April) wählen.

Das Finanzamt möchte gerne viele Steuereinnahmen. Alles, was dazu führt, dass Ihr Gewinn kleiner ausfällt (und somit auch Ihre Steuerlast), ist schon mal „nicht gut". Sind gar außergewöhnliche Ursachen gegeben (zum Beispiel starke Wertverluste im Lager), so möchte das Finanzamt ab und zu gerne mehr als eine Begründung im Anhang. Eine Betriebsprüfung ist die Folge. Denken Sie daher auch an Ihre **Aufbewahrungspflicht** von 10 und 6 Jahren (§ 257 HGB, § 147 AO).

Nachfolgend werden nun die gängigen Begriffe der Gewinn- und Verlustrechnung erklärt, die zur Erfolgsmessung herangezogen werden. Zwei Bestandteile sind hierfür grundlegend: Ausgaben und Einnahmen. Diesen beiden Aspekten wollen wir uns nun im Einzelnen widmen.

A.   Klassische Ausgaben einer Apotheke

Die Position „Ausgaben" umfasst alle Kosten, die den Betrieb der Apotheke gewährleisten. Oft wird hierfür synonym der Begriff „Aufwendungen" benutzt. Dies ist jedoch nicht korrekt, denn Ausgaben sind rein leistungsbezogen, Aufwände dagegen wirken sich vermögensbezogen aus. Im Abschnitt Abschreibungen gehen wir auf diese Differenzierung noch genauer ein.

In der Apotheke haben Sie Kosten, die unmittelbar notwendig sind, um später Kundeneinnahmen generieren zu können. Darüber hinaus werden Sie Ausgaben machen, die nicht unmittelbar notwendig, aber dennoch unternehmerisch sinnvoll sind, wie zum Beispiel Spenden für wohltätige Zwecke in Ihrer Gemeinde. Sie werden ebenfalls bestimmte Investitionen tätigen, die nicht für das laufende Geschäft bestimmt, sondern als einmalige Anschaffung zu Beginn der Geschäftätigkeit zu sehen sind, zum Beispiel für Einrichtung oder ein Auto. Auch hierzu an späterer Stelle mehr. Fürs Erste beziehen wir uns rein auf die laufenden Ausgaben/Kosten, die so genannten Betriebskosten. Folgende Posten fallen hier an:

- Wareneinsatz (Material): ACHTUNG: Kosten sind es erst dann, wenn die Ware verkauft wurde. Solange es noch an Lager ist, ist es Vorrat, also kein Kostenblock!
- Personalkosten (sowie alle Lohnnebenkosten)

- Marketing
- Betriebskosten für Kfz (Firmenwagen, Botendienste), ACHTUNG: nicht der Kauf, sondern Reparaturen, Tanken, Reifenwechsel etc.
- Büromaterialien, Telefon, Internet etc.
- Steuer- und/oder Finanzberater
- Zinszahlungen (an die Bank)
- Abgaben, Beiträge, Versicherungen, Gebühren, Mitgliedschaften etc.
- Miete, Pacht, Strom, Wasser, Heizung (Energie)

Am besten schreiben Sie die genannten Kostenpositionen untereinander in eine Tabelle. So können Sie gut Ihre Ausgaben den Einnahmen gegenüberstellen, z.B.:

Ausgaben (zunächst ohne Euro-Werte)

Material	
Personal	
Raumkosten	
Marketing	
Tankkosten	
Büromaterial	
IT-Kommunikation	
Beratung	
Zinsen	
Gebühren, Abgaben	
Leasing	

Tragen Sie bei den Ausgaben jeweils die €-Werte zum Geschäftsjahresende ein. Die obige Tabelle ist bereits ähnlich aufgebaut wie eine GuV. Einzelne Kosten können teilweise gebündelt darstellen werden:

Material	· Materialaufwand
Personal	· Personalaufwand/Personalaufwendungen
Tankbelege	· Sonstige(r) betriebliche(r) Aufwand/Aufwendungen
Büromaterial	· Sonstige(r) betriebliche(r) Aufwand/Aufwendungen
Energiekosten/Miete	· Mietaufwand/Mietaufwendungen/Raumkosten
Gebühren/Abgaben	· Sonstige(r) betriebliche(r) Aufwand/Aufwendungen
Zinsen	· Zins- oder Finanzaufwand/-aufwendungen

Achtung: So entsteht schnell eine große Position „Sonstige Kosten/Aufwendungen", die Sie später regelmäßig prüfen sollten. Nicht nur die Lieblingskostenblöcke beachten ☺!

Die Gewerbesteuer war bis zum Jahr 2008 ein eigener Kostenblock. Heute wird sie weiterhin erhoben, wird aber nicht mehr gewinnmindernd geltend gemacht. Sie wird später im Zuge der Einkommenssteuererklärung verrechnet. Die tarifliche Einkommensteuer wird durch eine pauschalierte Anrechnung der Gewerbesteuer ermäßigt, soweit sie anteilig auf im zu versteuernden Einkommen enthaltene gewerbliche Einkünfte fällt (§ 35 EStG). Das Ziel ist die weitgehende Entlastung der Unternehmen von der Gewerbesteuer.

Detaillierte Betrachtung der Aufwendungen einer Apotheke

1. Materialaufwand

Materialaufwand ist der Wert der eingekauften Menge aller Waren, die Sie im Anschluss an Kunden verkauft haben, bzw. die Menge an Material für Rezepturherstellung, die später zum Abverkauf führte. Hierfür werden auch die Begriffe „Wareneinkauf" und „Wareneinsatz" verwendet. Diese Termini behandeln auch die Warenkosten, sind jedoch in Ihrer BWA (Betriebswirtschaftliche Analyse) verwendet. Lesen Sie dazu mehr im Kapitel „Die betriebswirtschaftliche Analyse (BWA) – die kurzfristige Erfolgsrechnung", S. 72 ff.

Bleiben wir beim Materialaufwand als Begriff innerhalb der GuV. Er sagt aus, wie viel Sie für die verkaufte Ware an Ihre Lieferanten effektiv gezahlt haben. Der Wert ist „netto-netto", d. h. ohne Mehrwertsteuer und ohne weitere Rabatte, Skonti, Boni. Gewährt der Lieferant nachträglich einen Rabatt in Form

von einer Rückerstattung, so ist die Rückerstattung eine Einnahme. Materialaufwand ist das, was Sie effektiv zunächst gezahlt haben.

Lesen Sie später im Kapitel „Bilanz" mehr zum Begriff Inventur, Bestandsveränderungen und Vorrat. Auch Wertverluste an Ihrer Ware sind wichtig.
Dies wird Ihnen im Zusammenhang mit Abschreibungen erläutert. Hier vorab
eine Übersicht der wichtigsten Begriffe im Zusammenhang mit Waren:

Materialaufwand	Begriff aus der GuV	Wert der verkauften Waren p.a. Jahr
Wareneinsatz	Begriff aus der BWA	Wert der verkauften Waren pro Monat
Wareneinkauf	Begriff aus der BWA	Wert der gekauften Waren pro Monat
Vorrat	Begriff aus der Bilanz	Wert der gelagerten Waren zum Stichtag

Merke: Materialaufwand vs. Vorrat
Werden Waren vom Lieferanten geliefert, entsteht zunächst „nur" Vorrat. Materialaufwand, der als Kostenblock den Gewinn schmälert, entsteht in dem Augenblick, wenn Sie die Ware verkaufen und Einnahmen
damit erzielen. Wenn Sie also am Jahresende keine Waren verkauft hätten,
dann hätten Sie zwar Ihr Lager noch voll (= Vorrat), hätten aber auch keinen ge-
winnmindernden Kostenblock „Materialaufwand".

In Ihrer Kostenaufstellung sind alle Waren mit dem Einstandspreis, d. h. mit
dem effektiven Einkaufspreis, anzusetzen. Für Ihren tatsächlichen Materialaufwand bewerten Sie die Waren zum Einkaufspreis abzüglich erhaltener Rabatte, Skonti und Boni sowie zuzüglich der Bezugskosten wie zum Beispiel
Fracht oder Zoll (= Einstandspreis). Die Mehrwertsteuer, die Sie an Lieferanten gezahlt haben (= Vorsteuer), wird in der Gewinn- und Verlustrechnung
nicht erfasst und ist zu vernachlässigen.

Sollten sich nach dem Einkauf Preisveränderungen ergeben, weil zum Beispiel die Hersteller zwischenzeitlich die Preise verändert haben, wirkt sich dies nicht auf den Materialaufwand aus, sondern nur auf den restlichen Bestand, der noch am Lager ist, Ihren Vorrat. Trennen Sie daher die Begriffe „Materialaufwand" und „Vorrat".

WICHTIG: Der Erfolg Ihrer Apotheke wird maßgeblich von Ihrem Wareneinsatz beeinflusst. Entstehen Fehler im Einkauf, kann dies kaum durch den Verkauf kompensiert werden. Sie können nicht überproportional die Preise anheben oder den Kunden mehr „Packungen reindrücken", damit Ihr Rohertrag zufriedenstellend ausfällt. Täglich anfallende Fehler im Einkauf aber, schaden dem Rohertrag laufend, was Sie schmerzhaft am Jahresende feststellen und nachträglich nicht mehr ändern können. Diese Fehler liegen u.a. im Aushandeln von mangelnden Konditionen, dem Nicht-Weg-Verhandeln von Gebühren und sonstigen Strafen des Großhandels, durch Nachbestellungen bei falschen Lieferanten, durch Prozessfehler wie z. B. phonetischen Bestellungen (Mitarbeiter bestellt telefonisch statt über das System), durch chaotische Abgabestrategien beim HV-Personal statt regelmäßiger Team-Empfehlungen (Bündelung von Ware), Retouren, weil Ware bestellt wurde, die keiner verkaufen konnte (wollte) etc.

2.   Personalaufwand

Unter Personalaufwand werden die Ausgaben für das in Ihrer Apotheke angestellte Personal zusammengefasst. Diese Position setzt sich in der Kostenbetrachtung aus zwei Hauptpositionen zusammen: Bruttogehalt und Lohnnebenkosten.

Es ist denkbar, dass einige personalrelevante Kosten unter der Position „Sonstige (betriebliche) Aufwendungen verbucht werden, wie zum Beispiel Schulungen oder das Reinigen der Kittel. Das ist nicht falsch, nur nicht empfehlenswert. Buchhalterisch hat jede Kostenart auch ihre Position innerhalb der Gesamtaufstellung. Betriebswirtschaftlich ist es sinnvoll, alle Kosten, die mit Ihrem Personal zu tun haben, auch unter Personalaufwand zusammenzuführen.

Das Bruttogehalt beinhaltet das Entgelt für die reine Leistung sowie zusätzliche Zahlungen für die Sozialabsicherung. Darüber hinaus können zum Gehalt freiwillige Zahlungen erfolgen, zum Beispiel Prämien. Das Netto-Gehalt ist der Betrag, den final der Arbeitnehmer auf seinem Gehaltskonto sieht (sofern nicht zum Beispiel noch Pfändung eine Rolle spielt).

Bitte informieren Sie sich über die aktuellen Pflichtabgaben für die Sozialabsicherung. Lassen Sie sich vom Lohnbüro die Arbeit abnehmen, denn dies sind die Spezialisten und sind stets aktuell. Lassen Sie sich aber als Chef regelmäßig über vor allem steuerbegünstigte Vorteile für Ihre Mitarbeiter informieren.

Definition „Angestellte(r)"

Angestellt sind in Ihrer Apotheke alle Menschen, für deren Leistung Sie ein regelmäßiges Entgelt bezahlen. In der Regel geht das Einstellungsverhältnis aus einem Arbeitsvertrag hervor.

Der Inhaber der Apotheke zählt nicht zu den Angestellten, da Apotheken in der Regel Einzelunternehmen bzw. Personengesellschaften (BGB § 705 ff.) sind. Nur in dem Fall, dass die Apotheke als eine Kapitalgesellschaft (zum Beispiel eine GmbH) definiert sein sollte, könnte sich der Inhaber selbst als Geschäftsführer einstellen und sich ein Gehalt bezahlen. Wie bereits erläutert, sind diese Gesellschaftsformen bei Apotheken eher selten. Wie der Lohn für den Inhaber zu berücksichtigen ist, wird im Abschnitt „Kalkulatorischer Unternehmerlohn" erläutert.

In Apotheken ist es mehr oder weniger üblich, das Tarifgehalt zu zahlen. Da dieses aber im Verhältnis zur Leistung und Verantwortung zu niedrig ist (sofern die erwartete Leistung erbracht wird), wird heute üblicherweise „überTarif" gezahlt. Dies muss aber der Gewinn der Apotheke auch erwirtschaften können. Der aktuelle Tarifvertrag wird von der ADEXA verhandelt und regelt nicht nur die Höhe des Gehalts, sondern zum Beispiel auch Anspruch auf Urlaubstage. Informieren Sie sich über die aktuellen Sätze unter: adexa-online.de

Die Lohnnebenkosten sind unterteilt in freiwillige Leistungen und gesetzliche:

- **Gesetzlicher Anteil (Sozialversicherungsbeiträge)**: Die Sozialversicherungsbeiträge sind bis zur Beitragsbemessungsgrenze gesetzlich geregelt. Bitte entnehmen Sie die Höhe und aktuellen Regelungen den jeweiligen Angaben der Sozialversicherungsträger. Im Niedriglohnbereich gelten gesonderte Abgabenregelungen, die Sie ebenfalls im aktuellen Jahr und gesondert nach Bundesland abfragen sollten.

Auch hier sollten Sie jährlich die gesetzlichen Grenzen beachten. Diese nennt Ihnen selbstverständlich Ihr Büro für Lohnbuchhaltung oder Sie finden Infos im Netz beispielsweise bei Lexoffice.de.

- **Freiwilliger Anteil:** Ausgaben wie zum Beispiel Arbeitskleidung, Schulungen, Fahrtzuschüsse, betriebliche Rente, Sommerfeste, Weihnachtsgeschenke, Sonderprämien oder Abfindungen. Weitere außertarifliche Nebenleistungen sind zum Beispiel Dienstfahrzeuge, die Sie den Mitarbeitern zur Verfügung stellen können. Lassen Sie sich auch hier von Ihrem Steuerberater informieren, wie die gewährten Vorteile beim Mitarbeiter versteuert werden. Der sogenannte geldwerte Vorteil entsteht, wenn der Mitarbeiter einen Vorteil hat durch Zusammenhänge, die durch Sie als Arbeitgeber gewährt werden. Das ist oft beim Firmenwagen oder Firmenhandy der Fall. Dieser Vorteil muss versteuert werden und verursacht leider einen gefühlten Nachteil beim Mitarbeiter. Lassen Sie sich also immer gut alle Seiten aufzeigen bevor Sie Zahlungen oder andere Vorteile gewähren.

In meinem Buch „Führungsstrategien in der Apotheke" können Sie mehr über die Vielfalt der Prämiengestaltung erfahren. Prämien werden jedoch nie ein Ersatz für eine gute Führungsqualität werden.

Die Lohnnebenkosten liegen damit in der Apotheke bei ca. 35 bis 45 Prozent. Sie beziehen sich auf die Basis des Bruttogehalts jedes Mitarbeiters. Berücksichtigen Sie jedoch, dass diese Werte einen Durchschnitt über alle Mitarbeiter hinweg abbilden. Nicht jeder von ihnen wird im gleichen Maße Schulungen besuchen oder Zuwendungen erhalten. Berechnen Sie daher die Personalkosten pro Mitarbeiter einzeln, um einen verlässlichen Überblick über Ihre realen Kosten im Personalbereich zu erhalten.

Beispiel:

Bruttojahresgehalt eines Mitarbeiters	50.000 €	(Basis: 100 %)
+ Lohnnebenkosten: 40 %	20.000 €	(als Durchschnitt)
= Personalaufwand	70.000 €	

Auf den Monat heruntergebrochen kann die Rechnung beispielhaft pro Mitarbeiter so aussehen:

Bruttogehalt	4.300 €
+ 13. Gehalt, anteilig	287 €
+ PKW-Nutzung, geldwerter Vorteil	330 €
+ Freiwillige Leistungen: 5 %	215 €
+ Sozialabgaben: 20 %	860 €
= Personalaufwand	**5.992 €**
Dieser Wert multipliziert mit 12	= 71.904 € Jahresgehalt

Der Personalaufwand ist nach dem Materialaufwand oft der zweitgrößte Kostenblock in einer Apotheke. Der Inhaber sollte hier stets auf der Suche nach Optimierungen sein, genauso wie er sich bei Lieferantenverhandlungen keinen Rabatt entgehen lassen möchte. Wenn Prozesse klar definiert und Personal gemäß seiner Qualifikation eingesetzt wird, gelingt es, die Personalkosten so schlank wie möglich zu halten. Was Sie sicherlich nicht planen können, sind Ausfälle durch Krankheitszeiten der Mitarbeiter und Elternzeiten.

Der absolute €-Wert der gesamten Personalkosten wird in Ihrer Erfolgsbetrachtung weniger Aussagekraft haben als die prozentualen Angaben, orientiert am Apothekenerfolg (Umsatzerlöse oder Rohertrag). Stellen Sie diese Werte einander gegenüber, sehen Sie die Relation zu den Einkünften. Wenn

Sie in Veröffentlichungen lesen, dass die Personalkosten bei 11,9 % liegen, dann ist damit das Verhältnis zum Umsatz gemeint. Auch hier sollten Sie sich neu ausrichten und Personalkosten ins Verhältnis zum Rohertrag messen. Eine Apotheke, die hohe Umsätze mit hochpreisigen Arzneimitteln generiert hat automatisch geringere Personalkosten, da sich der Personalkostenblock auf den Umsatz bezieht. Wird deswegen effizienter gearbeitet? Wenn Arzneimittelpreise steigen, steigt automatisch Ihr Umsatz – haben Sie dadurch automatisch weniger Personalkosten?

Der kalkulatorische Unternehmerlohn, also das Gehalt, das dem Inhaber zusteht, fällt nicht in die Berechnung der Personalkosten. Filialapotheken haben dagegen in der Regel höhere Personalkosten als eine inhabergeführte Apotheke, da der Filialleiter angestellt ist und somit sein Gehalt in die Personalkosten fällt.

Merke: Optimierung der Personalkosten
Hohe Personalkosten sind noch lange kein Zeichen für ein Missmanagement innerhalb Ihrer Personalpolitik. Entscheidend ist, ob Sie mit diesem

Kostenblock noch ausreichend Gewinne erwirtschaften und mit wie viel Einsatz der Inhaber selbst mitarbeitet!

3.   Marketing/Werbekosten

Unter Marketingaufwand/**Werbe**kosten – auch kurz Marketing genannt – werden alle Ausgaben für Werbematerial, Broschüren/Flyer, Internetseite oder ähnliche Kommunikationsmaßnahmen zusammengefasst. Auch Imagekampagnen, wie Werbebanner mit dem Namen Ihrer Apotheke, auf einem Bus zum Beispiel, gehören hierzu. Typische Marketing-Ausgaben in der Apotheke sind:

- Apothekenzeitschriften, weitere Printmedien, Flyer
- Mailing-Aktionen an Kunden, digitales Marketing
- Schaufensterdekoration
- Werbegeschenke für Kunden, Prämiengeschenke

In Ihrer Kostenübersicht sollten unter Marketing nur die Kosten für Ihre Eigenwerbung erfasst sein. Ausgaben des Inhabers bei Geschäftsreisen, Messen oder Fortbildungen – was Sie vielleicht hinter dem Begriff „Werbungskosten" vermuten – gehören nicht hierhin. Der steuerliche Begriff Werbungskosten erinnert zwar an Werbung, gehört aber in die Einkommensteuererklärung, Anlage N. Der Begriff ist fest definiert:

Werbungskosten sind steuerlich geltend zu machen und entsprechen den Ausgaben eines Arbeitnehmers, die notwendig waren, um der Arbeit nachgehen zu können. Die bekanntesten Posten hier sind Fahrtkosten oder Kontoführungsgebühren (sofern nicht vom Arbeitgeber übernommen). Mit Werbung im Sinne von Marketing oder Reklame hat das also nichts zu tun; ebenso nicht mit den genannten Reisekosten für Geschäftsreisen, Messen, Fortbildungen des Inhabers. Diese Ausgaben sollten unter „Sonstige (betriebliche) Aufwendungen" erfasst werden.

Literaturempfehlung: Marketing in Apotheken (Govi), ISBN: 978-3-7741-1449-4

4.   Sonstige (betriebliche) Aufwendungen

Die Position „Sonstige (betriebliche) Aufwendungen" ist in der GuV sehr wichtig, damit Sie kleinere und/oder „weniger wichtige" Ausgaben zusammenfassen können. Dazu gehören Ausgaben, die zwar nicht das unmittelbare Apothekengeschäft betreffen, aber doch zum deren Betrieb gehören.

Typisch sind:

- Beiträge für Mitgliedschaften
- Spenden/Sponsoring
- Reisekosten und Fortbildung des Inhabers
- Reinigungsmittel

- Sonstige Dienstleistungen (Hausmeister, Gärtner etc.)
- Telekommunikation, IT
- Versicherungen, Leasing
- Beratungsaufwand, Steuerberater

Die Bündelung der genannten Ausgaben ist in der GuV vollkommen üblich und in Ordnung, da diese hauptsächlich für das Finanzamt erstellt wird. Sie schaffen damit eine bessere Übersichtlichkeit in dem Dokument. Die Ergänzung „betrieblich" ist nicht zwingend notwendig, daher erscheint sie oft in Klammern. Als Inhaber werden Sie in regelmäßigen Abständen Ihre Kosten prüfen und diesen Block dann sowieso einzeln beleuchten. Eine Unterteilung in „sonstig" und „sonstig betrieblich ergibt in der BWA erst Sinn. Dazu später mehr.

Merke: Die GuV ist KEIN Tool zur Unternehmenssteuerung!
Wo bestimmte Ausgaben eingeordnet sind und wie genau diese Positionen heißen, sollte für Sie nicht von oberster Priorität sein. Widmen Sie Ihre Zeit der Analyse und Optimierung von Kosten. Die Gewinn- und Verlustrechnung wird am Geschäftsjahresende für das Finanzamt erstellt und ist kein primäres Steuerungstool für die Unternehmensführung!

5. Abschreibungen

Abschreibungen spiegeln die Wertminderung des Vermögens wider. Nicht nur Sachanlagen, sondern auch immaterielle Güter (Lizenzen oder Firmenwert) werden abgeschrieben, da auch diese an Wert verlieren. Diese Güter dürfen nicht gemietet/geleast sein, sondern müssen Ihnen gehören, d. h. in Ihrer Bilanz (siehe „Anlagevermögen", S. 114) aufgeführt (aktiviert) sein. Es gibt folgende Gründe für Wertverluste an Ihren Investitionen:

- Umweltbedingter (natürlicher) Verschleiß durch Witterung, Korrosion etc.
- Technischer Fortschritt (zum Beispiel PC)
- Verwendungsbedingter Verschleiß
- Auslaufen von Lizenzen/Patenten
- Preissenkung der Hersteller (Wertverlust am Warenlager)
- Preissenkung nach Gesetzänderung (Wertverlust am Warenlager)

- Schwund/Diebstahl (Wertverlust am Warenlager)
- Unsachgemäße Lagerung, MHD/Verfall (Wertverlust am Warenlager)
- Katastrophenverschleiß (Brand, Explosion, Hochwasser)

Mit Abschreibungen geht häufig die Abkürzung „AfA" einher. Die Buchstaben stehen für Absetzung für Abnutzung". Güter verlieren nicht nur wegen Abnutzung an Wert, sondern auch, weil sich die Technik permanent verbessert. Typisches Beispiel ist hier der Wertverlust an einem Neuwagen. Dieser ist allein durch die Zulassung bereits eingetreten, obwohl das Fahrzeug noch keine Verschleißerscheinungen aufweist.

Bei Abschreibungen handelt es sich jedoch um **fiktive Werte**. Das heißt, sie spiegeln zwar den Wertverlust an einem Wirtschaftsgut wider, bedeuten aber **keinen Geldabfluss**. In der GuV stehen die Abschreibungen auf der Seite der Aufwendungen. Sie wirken daher wie eine getätigte Ausgabe. Genau das ist aber nicht der Fall, denn die jährlich anfallenden Abschreibungen stehen lediglich auf dem Papier; sie fließen nicht von Ihrem Girokonto ab. Theoretisch bedeutet das, dass Sie am Jahresende mehr Geld auf dem Konto haben müssten, als Sie Gewinn ausweisen. Folgendes vereinfachtes Beispiel verdeutlicht dies:

In Ihrer Apotheke fallen 10.000 € Personalkosten an, 20.000 € Materialkosten, 2.000 € AfA und 10.000 € sonstige Kosten. Ihr Umsatz beträgt 70.000 €. In der GuV würden Sie folgende Angaben machen:

Aufwendungen		Erträge	
Materialaufwand	20.000 €	Umsatzerlöse	70.000 €
Personalaufwand	10.000 €		
Sonstiger Aufwand	10.000 €		
Abschreibungen	2.000 €		

Wenn Sie die Kosten vom Umsatz subtrahieren, erhalten Sie Ihr Betriebsergebnis: 70.000 € – 42.000 € = 28.000 €

Von diesem Betriebsergebnis sind die Steuern abzuziehen, was wir später betrachten werden. In der GuV weisen Sie also einen Gewinn von 28 T€ aus. Auf Ihrem Konto haben Sie 70 T€ eingenommen und davon die laufenden Kosten bezahlt. Die 2 T€ AfA sind jedoch nicht abgeflossen, so dass auf Ihrem Konto noch 30 T€ warten.

Trotz aller aktuellen gesetzlichen Einschränkungen ist die Möglichkeit der Abschreibung ein Geschenk des Staates. Sie ist als Reserve zu betrachten, damit zu einem späteren Zeitpunkt ein neues Gut angeschafft werden kann. Dies ist zumindest unter dem
„Vorsichtsprinzip" des „vorsichtigen Kaufmanns" angedacht. Gerade bei PCs ist jedoch zu sehen, dass sie vielfach länger als drei Jahre genutzt werden, obwohl sie dann schon abgeschrieben sind. Sie funktionieren, also warum sollte man einen neuen kaufen? Die zuvor gebildeten Reserven sollten in diesem Falle bestehen bleiben und nicht anderweitig ausgegeben werden. So können Sie im Schadensfall zeitnah reagieren und Ersatzinvestitionen tätigen.

AfA-Tabellen

Die AfA-Tabellen erhalten Sie beim Finanzamt, bei Ihrem Steuerberater oder im Internet (www.urbs.de). In diesen Tabellen werden alle abschreibungsfähigen Güter über 1.000 € erfasst und mit einer Nutzungsdauer versehen. Eventuell wird ein Restverkaufswert angenommen. Die angegebenen Jahre dienen als Berechnungsgrundlage für die Höhe der Abschreibungen, die schließlich in die GuV einfließen. Es ist ab dem Kalendermonat der Anschaffung oder Herstellung abzuschreiben (§ 7 Abs. 1 S. 4 EStG). Für jeden angefangenen Monat ist 1/12 der Jahres-AfA anzusetzen (zum Beispiel werden bei Anschaffung am 10. Oktober 3/12 der Jahres-AfA angesetzt). Wird ein gebrauchtes Gut gekauft, so darf es nur für die Restnutzungsdauer abgeschrieben werden. Wenn mittels Kaufbeleg nicht alle notwendigen Fakten erkennbar sind, werden Schätzwerte angesetzt.

In der Grafik sehen Sie ein Beispiel für eine AfA-Tabelle (Auszug):

www.urbs.de
Alle amtlichen AfA-Tabellen im Internet

AfA-Tabelle für allgemein verwendbare Anlagegüter

- Alphabetische Reihenfolge (Buchstaben L bis N) -

Die Tabelle gilt für alle Anlagegüter, die nach dem 31.12.2000
angeschafft oder hergestellt worden sind.

Anlagegüter	Nutzungs-dauer in Jahren
L	
Laboreinrichtungen	14
Laborgeräte	13
Lackiermaschinen	13
Ladeaggregate	19
Ladeneinbauten	8
Ladeneinrichtungen	8
Laderampen	25
Lager, Hochregal-	15
Lagereinrichtungen	14
Laptops	3
Lastkraftwagen	9
Lautsprecher	7
Leergutautomaten	7

Hier finden Sie die relevante Nutzungsdauer (ND).

Unter den Wirtschaftszweigen sind Apotheken leider nicht gelistet...

A

Abbruchwirtschaft
Abfallentsorgungswirtschaft
Aluminiumfolienindustrie
Arztpraxen
Asbestindustrie

Kann man alles abschreiben? Autos, Stühle, Kaffeetassen?

Ein häufiger Irrglaube ist, man könne jede Ausgabe gewinnmindernd geltend machen. Das ist nicht der Fall! Unterscheiden Sie daher zwischen den Begriffen „Kosten" und „Investitionen". Nur Kosten werden gewinnmindernd in der GuV geltend gemacht. Kosten sind innerhalb Ihrer gekauften Güter nur die so genannten geringwertigen Wirtschaftsgüter (kurz: GWGs). Ein GWG zeichnet sich gemäß § 6 Abs. 2 des deutschen Einkommenssteuergesetzes dadurch aus, dass es zum Anlagevermögen gehört und es beweglich, abnutzbar und selbstständig nutzbar ist. Weiteres Entscheidungskriterium sind die Netto-Anschaffungskosten eines GWGs. Hier haben Sie ein Wahlrecht: Liegen die Anschaffungskosten netto unter 800 € im Jahr, darf sofort abgeschrieben werden. Bei einem Netto-Kaufpreis von unter 250 € kann das Gut sogar direkt als Betriebsausgabe abgesetzt werden. Generell gilt eine Auflistungspflicht für alle GWGs zwischen 250 und 800 € Netto-Anschaffungspreis. Alternativ können die Anschaffungen zu einem Sammelposten gebündelt werden. Diese Variante ist die so genannte Poolbildung. Lesen Sie mehr dazu im Abschnitt „Exkurs: Poolbildung" auf Seite 34.

Alle GWGs müssen in voller Höhe und sofort steuerlich geltend gemacht werden. Das heißt, als Kosten schmälern sie Ihren Gewinn vor Steuer sofort in voller Höhe.

Alle Güter mit einem Wert über der GWG-Grenze bezeichnet man als Investitionen. Das sind Anschaffungen, die Ihnen (für immer) gehören, bis Sie sich wieder davon trennen. Wenn Sie sie wieder veräußern, bekommen Sie sogar wieder Geld dafür. Das ist Ihr Eigentum, Ihr Vermögen. Sie benötigen diese Güter für Ihren Geschäftszweck, um „erfolgreich" sein zu können. Bei Abschreibungen liegt das „Geschenk" des Staates darin, dass Sie den Wertverlust an Ihrem Eigentum errechnen und diesen dann gewinnmindernd geltend machen können. Je weniger Gewinn, desto kleiner die steuerliche Belastung.

Um eine Abschreibung durchführen zu können, benötigen Sie:

- Die Eingrenzung, ob die Anschaffung an sich abgeschrieben werden darf. Diese Information erhalten Sie vom Steuerberater.
- Den Anschaffungswert/Rechnungsbetrag pro Anschaffungsgut. Bei einer Erstausstattung kann auch eine Gesamtmenge an kleinen Gütern

zusammengefasst werden und komplett als ein Gesamtwert abgeschrieben werden. Dies wird vom Finanzamt festgelegt. Beispiel: In einer Apotheke werden zur Rezepturherstellung diverse Schalen, Gefäße und Reagenzgläser benutzt. Ein einzelnes kostet weniger als 250 €, aber bei der Erstausstattung wird die Gesamtmenge an pharmazeutischem Porzellan zusammengerechnet und der Gesamtwert abgeschrieben. In den folgenden Jahren wird jedes neu gekaufte Teil einzeln betrachtet und nicht mehr abgeschrieben, sondern als Betriebsausgabe direkt geltend gemacht.

- Die Abschreibungsmethode/-form
- Die Nutzungsdauer, die Sie über die AfA-Tabellen erfahren.

Formen und Methoden der Abschreibung

Während die Nutzungsdauer eines Wirtschaftsguts gesetzlich vorgeschrieben ist, ist die Form oder Methode der Abschreibung frei wählbar bzw. bedingt gesetzlich eingeschränkt. In Deutschland stehen zwei Abschreibungsmethoden zur Verfügung: die lineare und die degressive Abschreibung. Bitte lassen Sie sich von Ihrem Steuerberater informieren, welche Methode in dem aktuellen Jahr der Anschaffung gesetzlich für Ihre Abschreibungen erlaubt ist. Bereits laufende Abschreibungen aus der Vergangenheit bleiben von neuen gesetzlichen Regelungen unberührt.

Bitte bedenken Sie, dass die nachfolgenden Erklärungen nur für Güter gelten, die über 1.000 € netto in der Anschaffung lagen. Sollten Sie sich für die alte GWG-Grenze von 800 € entschieden haben, so gelten die nachfolgenden Regelungen ab einer Anschaffung von netto 800 €. Darüber hinaus gibt es für viele Güter Sonderregelungen, die nur die lineare AfA-Methode erlauben, vor allem bei immateriellen Gütern (zum Beispiel der Firmenwert). Grundstücke dürfen nicht abgeschrieben werden.

a. Die lineare Abschreibungsmethode

Bei der linearen Abschreibung wird unterstellt, dass das angeschaffte Gut für die Dauer der Nutzung jedes Jahr denselben Wert verliert. Der Wertverlust zwischen dem 1. und 2. Jahr wird als ebenso hoch angenommen, wie beispielsweise zwischen dem 5. und 6. Jahr – gesetzt den Fall, dass es so lange abgeschrieben wird.

Berechnung: Dividieren Sie den Anschaffungswert (siehe Kaufbeleg, ohne MwSt.) durch die Nutzungsdauer (siehe AfA-Tabelle), um auf den jährlichen Abschreibungswert (AfA- Satz) zu kommen.

Beispiel: Anschaffung von Büromöbeln

Rechnungsbetrag: 18.000 € netto
Nutzungsdauer: 9 Jahre
Linearer AfA-Satz: 18.000 ÷ 9 = 2.000

Sie schreiben die Büromöbel 9 Jahre lang mit 2.000 € jährlich (linear) ab.

Jahr	Anschaffungswert/ Restbuchwert	(Restliche) Nutzungsdauer	AfA
Anschaffung	18.000 €	9	
Ende 1	16.000 €	8	2.000 €
Ende 2	14.000 €	7	2.000 €
Ende 3	12.000 €	6	2.000 €
Ende 4	10.000 €	5	2.000 €
Ende 5	8.000 €	4	2.000 €
Ende 6	6.000 €	3	2.000 €
Ende 7	4.000 €	2	2.000 €
Ende 8	2.000 €	1	2.000 €
Ende 9	– €	0	2.000 €

Es gilt, dass die degressive Abschreibungsmethode ein wirtschaftlicher Antrieb für kleine und mittelständische Unternehmen ist. Jedes Jahr habe ich die Hoffnung, dass es endlich wieder eingeführt wird. Da bisher keine neue Rechtsprechung erfolgt ist, muss davon ausgegangen werden, dass weiterhin nur die lineare Methode erlaubt ist. Bitten Sie Ihren Steuerberater um eine sofortige Information bei Bekanntgabe der AfA-Bestimmungen für das jeweils aktuelle Folgejahr, sodass Sie Neuanschaffungen steuerlich clever planen und abschreiben können.

Exkurs: Poolbildung – Bildung eines Sammelpostens für Güter ab 250 € bis 1.000 €

Für Güter mit einem Anschaffungswert zwischen netto 250 € und 1.000 € ist eine Sammelbewertung möglich. Dazu wird eine pauschale Nutzungsdauer von fünf Jahren festgeschrieben und alle in einem Jahr angeschafften Güter werden in einer Summe ausgewiesen. Dieser „Pool" wird dann linear über fünf Jahre abgeschrieben. Jedes Jahr beginnt ein neuer Pool mit neuen Anschaffungsgütern. Der jährliche Sammelposten bleibt auch bei Entnahme, Veräußerung oder Untergang eines darin enthaltenen Wirtschaftsgutes unverändert.

Beispiel:
Im Jahr 2021 kauften Sie einen Tee-Aufbereiter für 400 €, ein Notebook für 700 € und ein Kinderkarussell für 300 €. Alle Rechnungen werden am Jahresende zusammengefasst zum 1. Pool (= 1.400 €).

Im Jahr 2022 kauften Sie eine elektronische Anzeige für Ihr Schaufenster für 900 €.

Im Jahr 2023 tätigten Sie diverse Anschaffungen für die Ausstattung des Besprechungszimmers (Flipchart, Whiteboard etc.). Alle Güter kosteten pro Stück zwischen 251 - 950 €; in Summe waren es 2.000 €.

Daraus ergeben sich drei Pools mit jeweils fünf Jahren Abschreibungsdauer. Folgende Aufstellung soll dies verdeutlichen:

Gewinn- und Verlustrechnung 2021:
1.400 € ÷ 5 = 280 €
Pool 1: 280 € Abschreibung (GuV)

Im **Jahr 2022** startet der neue Pool mit einem Gesamtwert von 900 €, das heißt: 900 € ÷ 5 = 180 €.
Gewinn- und Verlustrechnung 2022:
Pool 1: 280 € Abschreibung
Pool 2: 180 € Abschreibung
Gesamt-AfA: 460 €

Im Jahr 2023 startet der nächste Pool mit einem Gesamtwert von 2.000 €, das heißt: 2.000 € ÷ 5 = 400 €.
Gewinn und Verlustrechnung 2023:
Pool 1: 280 € Abschreibung
Pool 2: 180 € Abschreibung
Pool 3: 400 € Abschreibung
Gesamt-AfA: 860 €

Das wiederholt sich nun jährlich, bis nach fünf Jahren der erste Pool ausgelaufen ist. Sobald neue Anschaffungen getätigt und diese zu einem neuen Pool zusammengefasst werden, beginnt wieder ein neuer Pool.

Das obige Beispiel unterstellt, dass keine Gesetzänderung bei Abschreibungen eingeführt wird. Eine laufende Abschreibung wird nicht nachträglich geändert, aber neue Investitionen werden beeinflusst.

b. Die degressive Abschreibungsmethode

Die degressive Abschreibung ist zum Erscheinungstermin dieses Buches ausgesetzt, wird aber sicherlich in naher Zukunft wieder Anwendung finden. Bei dieser Abschreibungsmethode wird unterstellt, dass das angeschaffte Gut in den ersten Jahren der Nutzung viel, später dann immer weniger an Wert verliert. Sehr bekanntes Beispiel hierfür ist der Wertverlust am Auto. Daher wird ein fester Prozentwert jährlich vom Restbuchwert des Gutes subtrahiert.

> Die degressive Abschreibungsmethode war bis Ende 2007 und in den Jahren 2009 und 2010 erlaubt. Um staatliche Steuereinnahmen zu erhöhen, wurde diese Methode ausgesetzt.
> Das Corona-Konjunkturpaket im Jahr 2020 hat die degressive Abschreibung wieder erlaubt. Diese Methode fördert die wirtschaftliche Entwicklung, da Unternehmen anfänglich mehr Steuern sparen. Aktuell ist diese Methode bis Ende 2024 erlaubt (§ 7 Abs. 2 EStG; i. d. F. des Artikels 4. des Wachstumschancengesetzes-Entwurf).

Berechnung: Im ersten Jahr wird ein Prozentwert (in der Vergangenheit waren es entweder maximal 25 oder 30 Prozent) vom Anschaffungspreis als Wertverlust angenommen und der dann errechnete Wert des Gutes (= Restbuchwert) dient als Basis für die Berechnung des folgenden Jahres.

Warum maximal? Der degressive AfA-Satz darf das 2-Fache bzw. das 2,5-Fache des linearen Satzes nicht überschreiten. Bei 20 Jahren Nutzungsdauer entspricht der lineare AfA-Satz 5 Prozent. Daher dürfte der degressive Satz nur maximal doppelt bzw. 2,5 -fach so hoch sein, also 10 Prozent bzw. 12,5 Prozent. Die Option „maximal 30 oder 25 Prozent" erlaubt es Ihnen zudem, auch einen Wertverlust von zum Beispiel 24 Prozent abzubilden. Diese Einstufung unterliegt der fachlichen Beurteilung, welchen genauen Wertverlust ein Gut im Laufe der Nutzungsdauer erfährt.

Beispiel: Anschaffung von Apothekenausstattung

Rechnungsbetrag:	45.000 € netto
Nutzungsdauer:	7 Jahre
Degressiv max.:	25 %

Der lineare Abschreibungssatz wäre 14,3 % (= 100 % ÷ 7). Das 2,5-Fache ist also in diesem Fall 35,7 %. So greift die Obergrenze von 25 %.

Jahr	Anschaffungswert/ Restbuchwert	Nutzungs- dauer		Degressive AfA
0	45.000,00 €	7	Anschaffungswert × 0,25 =	11.250,00 €
1	33.750,00 €	6	Restbuchwert × 0,25 =	8.437,50 €
2	25.312,50 €	5	Restbuchwert × 0,25 =	6.328,13 €
3	18.984,38 €	4	Restbuchwert × 0,25 =	4.746,09 €
4	14.238,28 €	3	Restbuchwert × 0,25 =	3.559,57 €
5	10.678,71 €	2	Restbuchwert × 0,25 =	2.669,68 €
6	8.009,03 €	1	Restbuchwert × 0,25 =	2.002,26 €
7	–	0	Abschreibung auf null	6.006,77 €

Folgeschritt

45.000,00 €	– 11.250,00 €	= 33.750,00 €
33.750,00 €	– 8.437,50 €	= 25.312,50 €
usw.		

Mathematisch gesehen kommen Sie bei der degressiven Methode nie auf null, daher ist es sinnvoll, die Abschreibungsmethode während der Laufzeit auf linear umzustellen.

c. Wechsel der AfA-Methode (Switch):

Es gelten folgende Rahmenbedingungen, um die Abschreibungsmethode während der Laufzeit umzustellen:

- Für immaterielle Güter nicht anwendbar.
- Bei beweglichen Gütern kommt nur der Wechsel von degressiver zu linearer Abschreibung in Frage (nicht umgekehrt).

Anwendung: Berechnen Sie zunächst den linearen AfA-Wert. Beim obigen Beispiel rechnen Sie also:

Anschaffungswert:
Nutzungsdauer = Linearer AfA-Satz   45.000,00 € ÷ 7   = 6.428,57 €

Bei der zuvor dargestellten degressiven Abschreibung ist zu erkennen, dass am Ende des zweiten Jahres der AfA-Satz bei 6.328,13 € liegt. Demnach wird im 3. Jahr für die restliche Laufzeit „geswitcht". Sie nehmen den Restwert und dividieren diesen durch die restliche Laufzeit, in unserem Beispiel durch 4 Jahre:

18.984,38 € ÷ 4 = 4.746,09 €

In diesem Fall würden Sie ab dem 3. Jahr nun also linear jährlich 4.746,09 € abschreiben.

Jahr	Anschaffungswert/ Restbuchwert	Nutzungs- dauer		**AfA**
0	45.000,00 €	7	Anschaffungswert × 0,25 =	11.250,00 €
1	33.750,00 €	6	Restbuchwert × 0,25 =	8.437,50 €
2	25.312,50 €	5	Restbuchwert × 0,25 =	6.328,13 €
3	18.984,38 €	4	Restbuchwert ÷ 4 =	4.746,09 €
4	14.238,28 €	3	Linear	4.746,09 €
5	9.492,19 €	2	Linear	4.746,09 €
6	4.746,09 €	1	Linear	4.746,09 €
7	– €	0	Abschreibung auf null	– €

Vor- und Nachteile der beiden Abschreibungsmethoden
Welche Abschreibungsmethode Sie verwenden können, hängt, wie bereits erläutert, von den gesetzlichen Bestimmungen ab. Auch wenn Sie hier derzeit keine Wahlmöglichkeit haben, seien die Vor- und Nachteile der beiden Methoden hier kurz zusammengefasst:

1. Lineare Abschreibung:
   a. Vorteile:
- Kontinuierliche Abschreibung ohne verbleibenden Restwert

- Jährliche Beträge sind einfach zu berechnen u. daher besser kalkulierbar

b. Nachteile:
- Abschreibungsbeträge in der Anfangsphase gering

2. Degressive Abschreibung:

a. Vorteile:
- Abschreibungsbeträge in der Anfangsphase höher Möglichkeit, zu linearer Abschreibung zu wechseln
- Ähnelt mehr dem eigentlichen Wertverlust des Anlagegegenstandes

b. Nachteile:
- Abschreibung von maximal 25 Prozent oder des 2,5-Fachen des linearen AfA-Satzes Kompliziertere Berechnung, daher nicht ganz so leicht zu kalkulieren
- Rest bleibt stehen

d. Erinnerungswert

Ursprünglich wurde bei Abschreibungen unterstellt, dass angeschaffte Güter nach einer bestimmten durchschnittlichen Nutzungsdauer verschlissen oder verbraucht sind und neu angeschafft werden müssen. Dann endet die Abschreibung und das Gut hat den Restbuchwert von null bzw. einen vom Finanzamt bestimmten Restbuchwert erreicht. Faktisch stimmt das jedoch nicht unbedingt, da viele abgeschriebene Güter weiterhin genutzt werden. Für Ihre GuV oder Bilanz bedeutet dies: Ist das Gut gänzlich abgeschrieben, aber noch als Bestand in der Apotheke vorhanden, darf es beim Jahresabschluss nicht vollkommen außer Acht gelassen werden, sondern muss mit einem Euro angesetzt werden. Dies ist der so genannte Erinnerungswert. Andernfalls würden Sie gegen die Grundsätze ordnungsgemäßer Buchführung und Bilanzierung verstoßen.

e. Sonderabschreibungen für kleine und mittlere Unternehmen

Zu den regulären Abschreibungen räumt § 7 g EStG zur Förderung von kleinen und mittelgroßen Unternehmen diesen zusätzliche Möglichkeiten der Abschreibungen ein. Lassen Sie sich bitte jeweils auch hier über die aktuelle Rechtslage von Ihrem Steuerberater informieren. Folgende Sonderabschreibungen fallen in einer typischen Apotheke häufig an:

- Forderungsausfall
- Ansparabschreibungen
- Wertverlust am Lager

Forderungsausfall

Stellen Sie sich folgende Situation vor: Sie haben an einen Kunden eine Leistung erbracht, indem Sie ihm Waren/Dienstleistungen verkauft und ein Zahlungsziel eingeräumt haben. Wenn sich nun herausstellt, dass der Kunde – aus welchen Gründen auch immer – nicht in der Lage ist, die Rechnung zu begleichen, entsteht Ihnen ein Schaden. Sie erleiden eine Art Wertverlust an Ihrem Forderungsbestand. Durch eine Abschreibung dürfen Sie diesen Verlust steuerlich geltend machen.

Ansparabschreibungen

Ansparabschreibungen unterliegen strengen gesetzlichen Auflagen. Die grundsätzliche Idee ist, dass Sie so tun können, als hätten Sie die geplante Investition bereits getätigt, und schreiben diese ab. Auf diese Weise sparen Sie die Investition mit den gebildeten Abschreibungen an. Bei diesem Verfahren sind Sie jedoch verpflichtet, die geplante Investition auch tatsächlich zu tätigen. Es ist nicht erlaubt, einen Steuervorteil zu erwirken und später nicht zu investieren. In diesem Fall muss die Steuerersparnis dem Staat rückwirkend und teuer verzinst erstattet werden. Daher lassen Sie sich bitte auch hier von Ihrem Steuerberater über die aktuelle Rechtslage bei Ansparabschreibungen informieren und nutzen Sie diese wirklich nur dann, wenn Sie eine Investition planen.

Wertverlust am Lager

An Ihren Waren können Sie ebenfalls Wertverluste erleiden, wenn zum Beispiel Hersteller eine Preissenkung vornehmen oder wenn gesetzlich bedingte Ereignisse eintreten.

Beispiel 1: Ein Artikel wird vom Hersteller für 20,68 € abgegeben (= HAP). Der Artikel wird jedoch im Folgejahr durch das Nachfolgeprodukt ersetzt und im Preis auf 17,00 € gesenkt. Die noch eingelagerte Packung hat einen Wertverlust von 3,68 € erlitten (alles netto, also ohne ges. Mehrwertsteuer).

Beispiel 2: Die Einführung der gesetzlichen Abgabepflicht für den GH im Jahr 2011 (AMNOG). Der Abschlag in Höhe von 0,85 % des ApU veränderte den Wert des Artikels.: ApU = 20,68 €, davon 0,85 % = 0,18 € (Abschlag), neuer Listeneinkaufspreis nur noch 21,95 €, Ware aus 2010 verlor an Wert = 0,18 € p. Pck.

Weitere Wertverluste an der Ware können dadurch entstehen, dass zum Beispiel das Mindesthaltbarkeitsdatum (MHD) abgelaufen ist oder durch Diebstahl/Schwund. Auch falsche Einbuchung/Abgabe können Differenzen zum erwarteten Ist-Wert bedeuten. Hier gibt es unterschiedliche Reaktionen bei Finanzämtern. Werden gewisse Toleranzgrenzen (oft 3 % des Lagerwerts) überschritten, kann eine Sonderabschreibung abgelehnt werden. Als vorsichtiger Kaufmann haben Sie stets dafür Sorge zu tragen, dass mit der Ware sachgemäß umgegangen wird. Falsche Lagerung oder Ladenbedingungen, die förmlich zum Diebstahl einladen, sind nicht automatisch über einen steuerlichen Vorteil abzufangen.

Tipp: Suchen Sie sich Lieferpartner, die Ihnen Wertverluste am Lager ausgleichen! Überprüfen Sie genau alle Rücknahmebedingungen!

Es gibt Lieferanten, die diesen Hersteller-Wertverlust direkt erstatten bzw. ausgleichen. Findet eine solche Rückerstattung nicht statt, weil bestimmte Fristen oder andere Kriterien nicht erfüllt wurden, die der Lieferant als Bedingung genannt hat, bleiben Sie auf dem Schaden „sitzen".

Diesen Verlust können Sie in Ihrer GuV als Sonderabschreibung ansetzen. Diese senkt Ihr zu versteuerndes Betriebsergebnis. Es ist von Ihnen zu erwarten, dass Sie als vorsichtiger Kaufmann diesen Schaden vermeiden können müssten, indem Sie effizienter bestellen und weitere Vorsichtmaßnahmen treffen, um zum Beispiel den Verfall des Mindesthaltbarkeitsdatums zu vermeiden. Daher tragen Sie als Kaufmann die Verantwortung und letztendlich auch den Schaden.

Der Jahresüberschuss nach Steuer macht 16.800 €. De facto sind von Ihrem Konto jedoch „nur" 40.000 € an „echten Kosten" plus 11.200 € Steuern abgeflossen. Auf Ihrem Konto befinden sich dagegen noch 18.800 T € – genau die Differenz der Abschreibungen, weil diese nicht „cash-out-relevant" sind. Es ist empfehlenswert, diese Differenz auf die Seite zu legen und für eine spätere Anschaffung anzusparen.

Welche Abschreibungsmethode ist für mich die richtige?
In der Regel werden Sie immer die Abschreibungsmethode wählen, die den besten Steuereffekt für Sie als Apotheker bietet – immer vorausgesetzt, dass beide Möglichkeiten gesetzlich anwendbar sind. Generell gibt es drei Beweggründe für Abschreibungen:

- **Steuereffekt**: Sie möchten so viel Steuern wie möglich sparen und schreiben degressiv ab bzw. verwenden den Switch (Wechsel von degressiv auf linear). Das spart am Anfang mehr Steuern als im Verlauf der Abschreibung. Wenn Sie zum Anschaffungszeitpunkt einen hohen steuerlichen Gewinn verzeichnen können, ist es möglich, diesen über diese Abschreibungsmethode zu senken.
- **Verursachungsgerechtes** Abschreiben: Sie möchten so realistisch wie möglich die Werte in Ihren Büchern ausweisen und entscheiden pro angeschafftes Gut individuell, welche Methode anzuwenden ist. Bei einem Auto können Sie so die degressive Abschreibung dem tatsächlichen Wertverlust angleichen.
- **Gewinn-Effekt**: Sie möchten sich nach außen hin so gut wie möglich darstellen und schreiben daher linear ab. Dadurch liegen die anfänglichen Restbuchwerte in Ihrem Anlagevermögen höher und Ihre Apotheke ist mehr wert. Außerdem sind die linearen AfA-Werte anfänglich

kleiner. Das wirkt sich positiv auf Ihren Gewinn aus. Somit haben Sie bei Bankgesprächen oder Verkaufsverhandlungen eine bessere Basis.

Lassen Sie sich zum Zeitpunkt der Anschaffung von Ihrem Steuerberater alle Konsequenzen beider Methoden aufzeigen und treffen Sie selbst oder gemeinsam die Entscheidung, wie abgeschrieben werden soll.

> **Merke: Abschreibungen als positives Steuerungsinstrument sehen**
> Ein Wertverlust ist keine Ausgabe, die mit einer Rechnung versehen ist und Ihnen das Recht gibt, diese beim Finanzamt einzureichen. Dennoch ist es erlaubt, einen Wertverlust als Aufwand gewinnmindernd geltend zu machen. Daher sollten Sie Abschreibungen stets als ein positives Mittel zur Steuerminderung sehen.

6. Mietaufwand/ Raumkosten/ Pacht

Diese Position in Ihrer GuV erfasst alle Ausgaben für angemietete Räumlichkeiten. Bei einer Pachtapotheke ist hier zudem die Pacht zu erfassen. Typische Ausgaben beim Mietaufwand in der Apotheke sind:

- Miete und Mietnebenkosten (Strom, Wasser, Grundsteuer, Heizung etc.)
- Sanierung, Reparaturen, Instandhaltung, Ausgaben für Hausverwaltung
- Reinigung (falls nicht bereits bei sonstigen Kosten erfasst)
- Gebäudeversicherung, Schornsteinfeger u. ä.

Wird das Gebäude, in dem sich die Apotheke befindet, vom Inhaber auch privat genutzt, so gilt es, dessen privaten Anteil (nach Quadratmetern) herauszurechnen. Die in der Vergangenheit immer wieder genannten Vergleichswerte (ca. 2 – 3 Prozent Mietkosten [Basis: Umsatz = 100 Prozent]) können Sie heute nicht mehr als relevant betrachten, da Umsätze in der Vergangenheit regelmäßig gestiegen sind. Raumkosten haben sich durchschnittlich nicht im gleichen Maße erhöht. Vergleichen Sie jedoch diese Werte mit der Entwicklung der Roherträge, so entsteht ein negativer Trend. Versuchen Sie stets die Nebenkosten zu optimieren, indem Sie die Kosten für Energie, Instandhaltung und Gebäudedienstleistungen regelmäßig überprüfen und ggf. neu verhandeln.

Pacht ist ein juristischer Sonderzustand, der immer guter Beratung im Vorfeld benötigt. Dem neuen Inhaber gehört die Apotheke immer noch nicht, er zahlt aber einen vereinbarten Wert als Pacht an den alten Besitzer. Der kann als „weiser Senior" noch im Hintergrund aktiv sein – muss aber nicht. Dies kann gut und schlecht sein. Für Fans von wenig Risiko zum Ausprobieren denkbar. Ich rate davon ab.

7. Leasing

Leasingkosten sind Ausgaben, die den Mietkosten sehr ähneln. Während Miete typischerweise bei Gebäuden anfällt, spricht man hauptsächlich bei beweglichen Gütern von Leasing. Der Unterschied besteht darin, dass die mietvertraglich geschuldete Wartungs- und Instandsetzungsleistung sowie der Gewährleistungsanspruch auf den Leasingnehmer übergehen. Beispiel: Bei einem Mietverhältnis muss der Vermieter für (größere) Reparaturen selbst sorgen. Beim Leasing fällt das in den Verantwortungsbereich des Leasingnehmers. Als Leasingnehmer zahlen Sie ein Entgelt für die Überlassung eines Gutes, zum Beispiel für einen PKW oder technische Ausstattung in Ihrer Apotheke. Hier gibt es verschiedene Vertragsformen, die dem Leasingnehmer zur Verfügung stehen, so zum Beispiel die Option auf den späteren Kauf des Gutes, das zunächst nur geleast ist.

Welche Vertragsform die bessere ist, Leasing oder Miete, lässt sich nicht pauschal sagen. Beide Varianten haben ihre Vor- und Nachteile. Hier die wichtigsten Aspekte:

Vorteile Leasing:
- Sie benötigen keine große Kapitalmenge zur Anschaffung und haben weiterhin liquide Mittel zur Verfügung, die Sie zinsbringend anlegen können, bzw. Sie haben die Möglichkeit, mit unterschiedlichen Eigenkapitalanteilen (Anzahlung) in den Vertrag einzusteigen.
- Sie haben bessere Konditionen bei Wartung und technischen Erneuerungen und können somit effizienter arbeiten.
- Die Kosten sind übersichtlich und gut kalkulierbar.
- Leasinggebühren wirken sich als Kostenblock sofort in voller Höhe gewinnmindernd aus.
- Je nach Vertragsart haben Sie die Möglichkeit zum späteren Kauf des Gutes, das Sie bereits kennen und nutzen.
- Finale Entsorgung entfällt.

Nachteile Leasing:

- Das Gut bleibt Eigentum des Leasinggebers und darf nicht als Ihr eigenes in Ihrer Bilanz deklariert (aktiviert) werden. Bei einem Kreditantrag fragt eine Bank in der Regel nach Sicherheiten. Fehlendes Sachvermögen kann sich hier nachteilig auswirken.
- Wenn Ihnen das Gut nicht gehört, können Sie es nicht abschreiben und diese „fiktiven" Werte nicht gewinnmindernd geltend machen.
- Wenn Ihnen das Gut nicht gehört, können Sie es nicht (bei eventuellen Liquiditätsschwierigkeiten) verkaufen.

Wichtig: Ausgaben für die Sozialabsicherung des Inhabers mögen vom Geschäftskonto abgehen, sind aber keine Betriebsausgaben! Diese sind bei Sonderausgaben im Zuge der Einkommenssteuererklärung geltend zu machen. Sie mindern nicht den Gewinn der Apotheke!

8. Zinsaufwand

Zinsaufwendungen erfassen Sie dann in Ihrer GuV, wenn Sie für Ihre Apotheke Fremdkapital aufgenommen haben, beispielsweise als Kredit bei der Bank, und jetzt Zinsen dafür zahlen.

Verwechseln Sie diese Position nicht mit der Kredittilgung oder Darlehensraten! Wenn Sie einen Kredit tilgen, fließt zwar Geld ab, aber das ist keine Ausgabe im Sinne der Aufwendungen in der Gewinn- und Verlustrechnung. Tilgung und der eigentliche Kredit werden in der Bilanz aufgeführt (siehe S. 111 ff.).

B.   Klassische Einnahmen einer Apotheke

Wie oben dargestellt, sind Ausgaben und Investitionen für Erfolg und Wachstum Ihrer Apotheke notwendig. Die Einnahmen bilden jedoch die Grundlage für Ihr Geschäft. Einnahmen erzielen Sie aus:

- Kundenzahlungen (Patienten, aber auch Ärzte, Heime, Partner)
- Zahlungen der gesetzlichen und privaten Krankenkassen (GKV/PKV)
- Einnahmen aus dem Notdienstsicherungsfond (ANSG) & PDL
- Fördermitteln
- Bonuszahlungen diverser Lieferanten / Werbezuschüssen von Vertrags-
  partnern
- Zinsen auf Guthaben (Bank, Beteiligungen o. Ä.)
- Versicherungszahlungen

! Tipp: Ein guter Steuerberater = eine „gute BWA"

Da die BWA kein Pflichtdokument für das Finanzamt ist, sondern eine Art Service, den Ihr Steuerberater für Sie erbringt, gibt es viele unterschiedliche Darstellungsformen und verwendete Begriffe. Je weniger Apotheken Ihr Steuerberater als Mandanten hat, desto eher kann es vorkommen, dass die Informationen darin nicht auf Ihre Bedürfnisse zugeschnitten sind, Sie die BWA nur schwer verstehen können und diese eher abheften, anstatt sie zur operativen Steuerung Ihrer Apotheke zu nutzen.

Berücksichtigen Sie zudem: Ein Steuerberater ist per se kein Unternehmensberater! Wenn Ihnen der Steuerberater das reine Arbeitsdokument weiterreicht, mit dem er selbst auch arbeitet (oft die reine DATEV-BWA), so wird es Ihnen möglicherweise schwerfallen, diese schnell und effektiv lesen zu können. Ein guter Steuerberater erstellt ein individuelles Dokument für Sie, das nach Ihren Wünschen und Bedürfnissen aufgebaut ist.

In der GuV stellt sich die Seite der Einnahmen wie folgt dar:

Kundenzahlungen	--	Umsatzerlöse (betriebsbedingte Erträge)
Zahlungen der KV	--	Umsatzerlöse (betriebsbedingte Erträge)
Einnahmen ANSG	--	Sonstige Erträge KEIN UMSATZ!
Fördermittel	--	Sonstige Erträge
Bonuszahlungen Lieferanten	--	Sonstige Erträge (betriebliche Erträge)
Werbezuschüsse Lieferanten	--	Sonstige Erträge (betriebliche Erträge)
Zinszahlungen von der Bank	--	Zins- oder Finanzerträge
Versicherungsleistungen	--	Sonstige Erträge

Auch hier gilt es, bereits strategisch zu trennen, welche Erträge unmittelbar aus der „operativen Tätigkeit" heraus resultieren und welche wirklich einen „sonstigen" Charakter haben. Ebenso wie für Ihre Ausgaben empfiehlt es sich für die Einnahmen eine Übersichtstabelle anzulegen:

	Einnahmen €
Kundenzahlungen	
Zahlungen der gesetzlichen Krankenversicherung (GKV)	
Zahlungen für geleistete pharmaz. Dienstleistungen	
Fördermittel der Stadt, KfW, EU etc.	
Bonuszahlungen diverser Lieferanten	
Werbezuschüsse von Vertragspartnern	
Zinsen auf Guthaben (Bank, Beteiligungen o. ä.)	
Versicherungszahlungen	
Kundenzahlungen	
Zahlungen der gesetzlichen Krankenversicherung (GKV)	
Fördermittel der Stadt, KfW, EU etc.	
Bonuszahlungen diverser Lieferanten	

Detaillierte Betrachtung der Einnahmen einer Apotheke

1.   Umsatzerlöse (kurz: Umsatz)

Ihren Umsatz erwirtschaften Sie durch den Abverkauf Ihrer Waren und Dienstleistungen. Es handelt sich immer um Nettowerte, da die gesetzliche Mehrwertsteuer ja, wie bereits erläutert, an das Finanzamt abgeführt wird. In dem Augenblick, in dem Sie geleistet haben und der Anspruch auf die Zahlung entsteht, schreiben Sie sich Umsatz „in die Bücher", d. h. in Ihre GuV. Das heißt, der Umsatz wird für Sie im Moment der Rechnungsstellung relevant, und nicht erst, wenn der Kunde bezahlt hat. Sie schreiben sich bei Rechnungsstellung/Bon den Umsatz gut, und nicht erst beim Geldeingang. Berücksichtigen Sie dies besonders, wenn Sie einem Kunden ein längeres Zahlungsziel gewähren.

Wie entsteht der Umsatz in einer Apotheke?

Preise bilden sich unter freien Marktbedingungen normalerweise durch Angebot und Nachfrage. Bei verschreibungspflichtigen Arzneimitteln (AM) gibt es jedoch – anders als bei Konsumgütern – keinen freien Preiswettbewerb.

In der Regel verordnet der Arzt das Arzneimittel und der Kunde/Patient löst das Rezept in der Apotheke ein. Der Preis ist bei Arzneimitteln für Patient, Arzt und Apotheker nicht die entscheidende Stellschraube zum Erfolg, weil in der Regel die Krankenversicherung die Kosten für das Medikament bezahlt. Da es somit keinen freien Preiswettbewerb bei verschreibungspflichtigen Arzneimitteln gibt, gelten gesetzliche Regelungen zum Schutz vor überhöhten Arzneimittelpreisen. Die gesetzlichen Regelungen werden vom Bundesgesundheitsministerium getroffen.

Die Preisbindung setzt auf dem Verkaufspreis des pharmazeutischen Unternehmens (HAP/ApU) auf. Solche und ähnliche Basiswerte und die damit einhergehenden Abkürzungen variieren häufiger. Anschließend erheben Großhandel und Apotheken hierauf staatlich festgesetzte Zuschläge zuzüglich der aktuell geltenden Mehrwertsteuer.

Für den Rx-Umsatz der Apotheke sind nun die folgenden Schritte relevant. Der AEP (Apothekeneinkaufspreis) bildet die Basis und hierauf baut das sogenannte Kombi-Modell aus dem GMG-Gesetz (2004) auf. Die Apotheken erhalten derzeit einen Zuschlag von 3 Prozent des Einkaufspreises (AEP) zuzüglich eines Dienstleistungshonorars von 8,35 € (bis Ende 2012 waren es 8,10 €) je AM-Packung. Seit dem 1.1.2020 sind noch 21 Cent Aufschlag aus dem

ANSG[5] bei der Abgabe verschreibungspflichtiger Fertigarzneimittel zur Anwendung bei Menschen nach AMG/AMPreisV §3 Absatz 1) zu addieren. Und seit 12/2021 ebenfalls 20 Cent Förderzuschlag für pharm. Dienstleistungen.

Auf diese 5 Komponenten (AEP, 3 %, 8,35 €, 0,21 €, 0,20 €) werden 19 % MwSt. berechnet, die jedoch wieder abzuführen sind. Anschließend werden bei einem GKV-Rezept drei Komponenten als Abzug wirksam (Kassenabschlag, 20 Cent-pDL und ANSG-21 Cent). Die GKV erhält von den Apotheken eine Art Großkundenrabatt.

Aktuell liegt der Abschlag bei 2,00 € je AM-Packung[6] mit der gesetzlichen Mehrwertsteuer. Abgezogen de facto wird nur der Nettowert (1,68 €). Die MwSt. ist jeweils als durchlaufender Posten zu betrachten. Die deutschen Gerichte entscheiden immer wieder aufs Neue, ob diese Abschläge rechtskonform sind. Bislang sind diverse nachträgliche Korrekturen vorgekommen, aus denen Rückerstattungen der GKV folgten. Solange jedoch nicht endgültig entschieden ist, ob die aktuelle Abschlagshöhe tatsächlich rechtsgültig ist, sollten Sie solche bereits erhaltenen Korrekturbeträge rückstellen. Da der Abschlag immer wieder neu verhandelt wird, kann erneut eine solche Situation aufkommen. Es werden dann Abschläge angenommen und verwendet, um die Praxis am Laufen zu halten und Gerichte werden bestimmt wieder etwas länger brauchen, um zu bestätigen, dass es so rechtens ist. Wird Ihnen dann ein zu geringer Abschlag abgezogen und später stellen Gerichte fest, dass es höher sein musste, dann droht Ihnen eine Nachzahlung. Als vorsichtiger Kaufmann bilden Sie dann augenblicklich Rückstellungen statt. Auch hier ist Ihr Steuerberater der perfekte Mann für diese Beratung.

---

[5] Anpassung der Arzneimittelpreisverordnung (AMPreisV)

[6] Der Vollständigkeit halber sei auf den Rabatt von 5 Prozent bei sonstigen Arzneimitteln, die nicht verschreibungspflichtig sind, dennoch vom Arzt verordnet werden (rotes Rezept), hingewiesen. Voraussetzung, um diesen Rabatt zu erhalten ist, dass die Apotheker-Rechnung innerhalb von zehn Tagen nach Rechnungseingang beglichen wird. Der Rabatt ist somit vergleichbar mit einem Skontovorteil. Näheres finden Sie in § 130 Sozialgesetzbuch (SGB) Fünftes Buch (V) – Gesetzliche Krankenversicherung – (SGB V). Da dieser Fall in der Praxis sehr selten vorkommt, beziehen sich alle weiteren Rx-Berechnungen lediglich auf den Abschlag für Rx, derzeit 2 €.

Berechnung des Verkaufspreises im Rx-Bereich (Fertigarzneimittel)
Annahme: Der Einkaufspreis des Arzneimittels beträgt 9,40 € (netto).

AEP	9,40 €	
+ 3 % Apothekenzuschlag	0,28 €	
+ Dienstleistungshonorar	8,35 €	
+ Zuschlag pDL	0,20 €	
+ ANSG	0,21 €	
= **Zwischensumme**	**18,44 €**	
+ 19 % MwSt.	3,50 €	wird an das Finanzamt abgeführt
= **Bruttoumsatz**	**21,94 €**	Bruttowerte stehen nicht in Ihrer GuV!
– GKV-Abschlag	1,68 €	Abzug vom Netto-Umsatz
– Zuschlag pDL	0,20 €	Abzug vom Netto-Umsatz
– ANSG	0,21 €	Abzug vom Netto-Umsatz
= **Generierter Rx-Umsatz**	**16,35 €**	

Weitere Informationen finden Sie auf: www.deutschesapothekenportal.de. Das Deutsche Apotheken Portal ist die zentrale Informationsstelle für Rabattverträge nach § 130a SGBV.

Eine weitere Größe tritt bei der Umsatzberechnung noch hinzu: Gesetzlich krankenversicherte Patienten müssen bei bestimmten Leistungen ihrer Krankenkasse zuzahlen. Bei verordneten Arzneimitteln sind das 10 % des Arzneimittelpreises, mind. aber 5 und höchstens 10 Euro[7].

Wichtig in dem Zusammenhang ist zu verstehen, dass die Zuzahlung des Patienten nicht additiv zu der Berechnung (s. o.) hinzukommt. Der Gesamtumsatz in Ihrer Apotheke besteht aus der Zuzahlung des Patienten und der Restzahlung der Krankenkasse, die Sie im nächsten Monat überwiesen bekommen (sofern Sie die Rezepte einreichen und alles regelkonform war).

Nachfolgend sehen Sie die Preisbildung bei Standardrezepturen. Hier richtet sich der Abgabepreis nach den gesetzlichen Vorgaben der Arzneimittelpreis-

---

[7] Sie finden alle Details unter: http://www. bmg.bund.de/themen/krankenversicherung/ arzneimittelversorgung/ zuzahlung.html.

verordnung (AMPreisV) – ähnlich wie bei industriell hergestellten, rezeptpflichtigen Medikamenten. Die Vergütungsregeln für Standardrezepturen
wurden 2017 angepasst.

Beispiel für eine verschreibungspflichtige Salbe (100 g)	
Apothekeneinkaufspreis (AEP) für Wirkstoff (1 g Pulver), **Grundlage (99 g Salbengrundlage) und Gefäß (1 Spenderdose für 100 g)**	**5,00 Euro**
+ Festzuschlag (90 % auf AEP)	4,50 Euro
+ Rezepturzuschlag für Herstellung (6,00 Euro bei Anfertigung von Salben bis 200 g)	6,00 Euro
+ Fixentgelt	8,35 Euro
= Netto-Apothekenverkaufspreis (Netto-AVP)	**23,85 Euro**
+ Mehrwertsteuer (19 % auf Netto-AVP)	4,53 Euro
= Apothekenverkaufspreis (AVP)	**28,38 Euro**
– Gesetzliche Zuzahlung des Versicherten (10 % vom AVP, mindestens aber 5 Euro)	5,00 Euro
– Gesetzlicher Apothekenabschlag (1,77 Euro)	1,77 Euro
= effektive Ausgaben der GKV	**21,61 Euro**

Quelle: ABDA-Statistik, DIE APOTHEKE – ZAHLEN, DATEN, FAKTEN 2023

Bei diesen Bareinnahmen durch Arzneimittelzuzahlungen der Kassenpatien-
ten ist es besonders wichtig, dass der Kassenvorgang ordentlich abgeschlossen wird. Denn die Zuzahlung vom Kunden haben Sie zwar gleich eingenommen, die Restzahlung von der GKV muss dagegen noch über die Verrech-
nungsstellen eingefordert werden. Dies geht nur, wenn Sie die Kassendaten
auch übermitteln können. Beide Posten, Zuzahlungen und die Leistungen der
GKV an die Apotheke, bilden schließlich Ihren Netto-Umsatz. Darüber hinaus
kann der Apotheker weitere Quellen zur Umsatzerzielung haben, zum Beispiel über einen Versand von Apothekenartikeln (Versandapotheke) oder im
Zuge einer Großhandelsfunktion und dem Verkauf von Waren an Kollegen.

Kommen Patienten einer privaten Krankenversicherung zur Rezepteinlösung in die Apotheke, so ist deren Umsatz leichter festzustellen, da der Kunde den Preis voll bezahlt. Das heißt, der von Ihnen genannte Preis des Arzneimittels wird nicht mehr aufgesplittet nach Zuzahlung und Restforderung über das Verrechnungszentrum. Der Fachbegriff für alle Einnahmen aus dem „eigentlichen Apothekengeschäft" lautet „Umsatzerlöse". Speziell wurde hier der sogenannte Rx-Umsatz erläutert. Zusammen aus den Einnahmen der Frei- und Sichtwahl ergibt sich der gesamte Umsatz der Apotheke.

Besonderheit bei Privatrezepten: sowohl der Abschlag an die GKV noch die 21 Cent/20 Cent werden nicht automatisch über das Abrechnungszentrum abgezogen. Hier ist es wichtig zu beachten, dass über eine monatliche Selbstauskunft die AM-Packungen an die DAV gemeldet werden müssen, so dass über eine gesonderte Abrechnung die Zahlung an den Fond erfolgt[8].

Bei der Berechnung des Umsatzes im **frei kalkulierbaren Bereich** ist die Vorgehensweise wesentlich einfacher. Die Formel für Umsatz lautet: Menge × Preis. Kalkulation, also die eigentliche Findung des Preises, wird später vertieft.

Beispiel:
Sie verkaufen eine Packung Tee für 4,99 € (inkl. MwSt.)
Umsatzerlöse = 1 × 4,19 € (exkl. MwSt.) = 4,19 €

Die verkaufte Menge wird als Absatz bezeichnet. Wie auch immer am Ende der Preis eines Produktes in der Apotheke entsteht, die Summe der erzielten Preise aller verkauften Waren und Dienstleistungen entspricht den Umsatzerlösen einer Apotheke. Wenn Sie im Non-Rx-Bereich einen Preisnachlass gewähren, (beispielsweise 3 % Rabatt mit der Kundenkarte) so gilt der erzielte Wert als Ihr Umsatz.

---

[8] Lesen Sie ausführlich über die gesamte ANSG-Thematik auf http://mobile.bundesgesundheitsministerium.de/fileadmin/dateien/Downloads/Gesetze_und_Verordnungen/Laufende_Verfahren/A/ANSG/130320_Entwurf_eines_Geset- zes_zur_Foerderung_der_Sicherstellung_des.pdf.

Merke: Oft ist der Begriff **„netto-netto"** zu hören. Das eine „netto" berücksichtigt den Preisnachlass (ohne Rabatt, Skonti, Boni) und das andere „netto" dokumentiert, dass die Mehrwertsteuer herausgerechnet ist.

Für eine gute Planung und Steuerung des Umsatzes ist es sinnvoll, den Umsatz nicht nur zeitlich zu sehen, sondern auch nach Märkten, Filialen, Kunden, Kundengruppen, Produkten oder Produktgruppen aufzugliedern. Eine solche Umsatzbetrachtung erfolgt separat und unabhängig von der GuV. In der Gewinn- und Verlustrechnung spielt die Herkunft des Umsatzes zunächst keine weitere Rolle, da das Finanzamt einen anderen Fokus hat, nämlich den der Steuerermittlung aus dem erzielten Gewinn. Darüber hinaus sollten stets Optimierungen dieser wichtigen Erfolgsgröße erfolgen. Dabei warten Sie idealerweise nicht bis zur Erstellung der Gewinn- und Verlustrechnung am Jahresende, sondern bringen sich so oft wie möglich unterjährig im Zuge eines aktiven Controllings auf den neuesten Stand Ihrer Geschäftsentwicklung.

Definition: Korbumsatz
Im Zusammenhang mit Umsatz ist sehr häufig auch der Begriff „Korbumsatz" in der Apotheke anzutreffen. Dieser Begriff ist jedoch nur im Zusammenhang mit dem Controlling relevant und in einer GuV nicht zu finden. Aus den gängigen Kassensystemen, die heute im Einsatz sind, kann die Anzahl der Kassenbons abgefragt werden. Vereinfacht wird unterstellt, dass hinter jedem Bon jeweils ein Kunde steht. Teilen Sie den Netto-Umsatz durch die Anzahl der Bons, erhalten Sie den Korbumsatz. Es ist sinnvoll – gerade in Verbindung mit einem Leistungsanreiz –, hier nur den Umsatz aus dem Non-Rx-Bereich zu verwenden. Beim Korbumsatz spielt es nämlich eine Rolle, ob dem Kunden aktiv zur Therapieergänzung weitere Produkte verkauft wurden und somit Zusatzumsatz generiert wurde. Die Umsätze im Rx-Bereich werden durch die Ärzte und Rabattverträge mit den Kassen im Wesentlichen beeinflusst und können nicht zum Leistungsanreiz dienen.

In vielen Veröffentlichungen ist zu lesen, dass Umsätze in den Apotheken steigen. Hinterfragen Sie aber bitte immer die Ursache. Wenn Hersteller die Preise erhöhen, steigt der AEP. Wenn der AEP ein Bestandteil des erstattbaren Umsatzes durch die KV ist, so steigt automatisch auch Ihr Umsatz. Das nützt Ihnen aber zunächst nicht allzu viel, wenn Sie die teure Ware auch dem Lieferanten bezahlen müssen. Entscheidend ist also immer der Gewinn.

Im Zuge einer Umsatzanalyse berücksichtigen Sie ebenfalls auf die Zusammensetzung Ihres Umsatzes. Der Umsatz kann auch gestiegen sein, weil mehr größere Packungen abgegeben wurden. Gleichzeitig können aber weniger Kunden gekommen sein. Weiterhin ist denkbar, dass zunehmend Patienten kommen, die hochpreisige Arzneimittel verschrieben bekommen haben. Der Umsatz kann dann schnell gestiegen sein. Wenn Sie Ihre Abgaben an die Kammern oder auch an Steuerberater an den Umsatz gekoppelt haben, ärgern Sie sich in diesem Fall besonders, denn der hohe Umsatz kann im Extremfall sogar einen Verlust bedeuten. Gerade dann, wenn Sie die Ware vorfinanzieren müssen und Zinsen zahlen. Oder/und der Kunde mit einer Kreditkarte bezahlt.

Achten Sie daher immer auch auf das Engagement Ihres Teams. Wird der Umsatz generiert mit einer qualifizierten Beratung, die zur Therapieergänzung führt, und diese Ware ist auch noch gesund kalkuliert und nicht preislich verramscht, so wird Ihnen besonders dann der steigende Umsatz auch Spaß machen. Dies führt wesentlich zur Standortsicherung bei.

Merke: Umsatz/Erlöse sind nicht Gewinne!
Umsatz und Gewinn sind nicht gleichzusetzen. Der Umsatz ist die Grundlage des Gewinns und bestimmt ihn mit! VORSICHT: Der Begriff „Erlös/Erlöse" suggeriert Gewinn!

2. Sonstige (betriebliche) Einnahmen

Schon bei den einleitenden Worten zu Einnahmen einer Apotheke haben wir kategorisiert, was Einnahmen aus dem eigentlichen Apothekengeschäft sind (= operative, betriebsbedingte Erträge) und was sonstigen Charakter hat. Hier erfassen wir nun alles, außer Umsatzerlöse. In der GuV reicht eine grobe Zusammenfassung der Einnahmen. In Summe sind sie alle gewinnerhöhend, und nur das ist steuerrelevant. Erst später in der BWA (Kap. 2.5) und bei der Kalkulation (Kap. 3) wird es wichtig, was genau betriebliche und was sonstige Erträge sind.

Unter den sonstigen (betrieblichen) Einnahmen erfassen Sie alle weiteren Geldeingänge, die nicht aus der unmittelbaren Apothekentätigkeit resultieren, dennoch aber der Apotheke zuzurechnen sind. Bitte bedenken Sie, dass hier nicht die persönliche Einkommensteuererklärung dargestellt wird, sondern der Erfolg der Apotheke. Das heißt, private Einnahmen zum Beispiel aus Vermietung und Verpachtung oder Kapitalerträgen gehören nicht hierher. Klassische <u>sonstige</u> (betriebliche) Einnahmen in der Apotheke sind u. a.:

- Einnahmen aus dem Apothekennotdienstsicherstellungsgesetz (quartalsweise)
- Zahlungen von Lieferanten (Boni, Marketingunterstützung/WKZ etc.)
- Staatliche Förderung
- Erträge aus Anlagenabgängen, wenn Sie zum Beispiel das Botenfahrzeug verkaufen (Preis über Betrag im Anlagevermögen)
- Versicherungszahlungen
- Rückerstattungen der Krankenkassen (Abschlagskorrektur)
- Sonstige Prämien

Diese Position ist als Gegenpol zu sonstigen (betrieblichen) Aufwendungen zu sehen. Werden sonstige (betriebliche) Erträge mit den sonstigen (betrieblichen) Aufwendungen verrechnet, spricht man vom „Sonstigen (betrieblichen) Ergebnis".

Sonstige (betriebliche) Erträge

- Sonstige (betriebliche) Aufwendungen

= Sonstiges (betriebliches) Ergebnis

Das ist keine zwingend erforderliche Position in einer Gewinn- und Verlustrechnung, aber eine sehr sinnvolle. Sie können das „sonstige Ergebnis" gut trennen vom eigentlichen Apothekengeschäft und können so genau differenzieren, wo Ihr Erfolg entsteht. Wenn Sie immer nur das finale Ergebnis nach Steuer betrachten würden, fehlte diese Transparenz. Sollten Ihre Gewinne hauptsächlich aus dem sonstigen Bereich resultieren, besteht dringender Handlungsbedarf für Ihr eigentliches Apothekengeschäft. Wenn Sie mehr Kapitalerträge als Umsatz haben, dann sollten Sie über den ursprünglichen Geschäftszweck nachdenken und ggf. umfirmieren.

3.   Zinserträge

Wenn Sie Gelder (Finanzanlagen) angelegt haben, zum Beispiel als Sicherheit/Rücklagen für die Apotheke, oder haben Geldanlagen bei zum Beispiel Lieferanten angelegt, werden die gutgeschriebenen Zinsen als Zinserträge erfasst. In manchen Fällen wird sogar das Girokonto verzinst, ohne dass das Geld zeitlich gebunden wäre. Diese Position ist als Gegenpol zu Zinsaufwendungen zu sehen:

Zinserträge

− Zinsaufwendungen

= Finanzergebnis

Auch das Finanzergebnis ist nicht zwingend in einer Gewinn- und Verlustrechnung abzubilden, solange die Zinsaufwendungen und -erträge dort erfasst sind. Diese Zahl auszuweisen, dient jedoch – wie auch das sonstige Ergebnis – zur besseren Übersicht und Lesbarkeit. Das Finanzergebnis ist sehr häufig ein negativer Wert, da die Zinsen für Kredite höher sind als Guthabenzinsen. Außerdem verfügen viele Apotheken über mehr Fremd- als Eigenkapital und zahlen somit automatisch höhere Soll-Zinsen als sie Guthaben-Zinsen erhalten.

Bitte lassen Sie sich in diesem Zusammenhang von Ihrem Steuerberater beraten, ob Sie als Privatperson oder innerhalb der Apotheke die Zinserträge angeben sollen. Die Besteuerung ist jeweils unterschiedlich.

2.3 Instrumente zur Darstellung des Apothekenerfolgs im Überblick

Was versteht man unter „Erfolg"?

Als „erfolgreich" können Sie sich unter vielen Gesichtspunkten verstehen. Innerhalb der betriebswirtschaftlichen Betrachtung Ihrer Apotheke nutzen Sie zur Beurteilung des Erfolgs das Instrument der Gewinn- und Verlustrechnung (GuV). Hier bedeutet „Erfolg" lediglich ein Resultat der GuV innerhalb einer Abrechnungsperiode. Mit einer Abrechnungsperiode ist i. d. R. das Geschäftsjahr gemeint. Ebenfalls ist die Angabe im Quartal möglich, findet aber bei Apotheken keine Anwendung. Wie es zum Beispiel um Ihre Liquidität bestellt ist, ist eine andere Betrachtung des Erfolgs und wird mit anderen Instrumenten gemessen (siehe Bilanz, S. 111 ff.).

Ihr unternehmerisches Denken und Handeln braucht zwar Daten aus der Vergangenheit (GuV), sollte aber den Fokus ebenso auf Ziele und Planung sowie operative Steuerung legen. Die monatliche Betrachtung Ihres wirtschaftlichen Erfolges ist daher sehr zu empfehlen, damit Sie selbst jederzeit den Überblick behalten und ggf. handeln können. Die so genannte betriebswirtschaftliche Auswertung (kurz: BWA) ist ein solches Instrument zur monatlichen Auswertung, auf das wir nun im Folgenden eingehen werden.

Die beiden wichtigsten gängigen Varianten, um den wirtschaftlichen Erfolg einer Apotheke abzubilden, haben Sie nun kennengelernt:

- Einnahmen-Ausgaben-Rechnung oder Einnahmen-Überschuss-Rechnung
- Gewinn- und Verlustrechnung (GuV)

Beide Instrumente verfolgen die gleiche Idee, nämlich die Ergebnisermittlung. Die Einnahmen-Ausgaben-Rechnung ist eine Form der Gewinnermittlung, die besonders für Steuerpflichtige gilt, die nicht gesetzlich verpflichtet sind, eine Gewinn- und Verlustrechnung aufzustellen, und dies auch nicht freiwillig machen. Der Gewinn ist dann der Überschuss der Betriebseinnahmen über den Betriebsausgaben. Sehr oft wird deshalb auch der Begriff „Einnahmen-Überschuss-Rechnung" verwendet. Beispiel:

Umsatz

+   Sonstige Erträge/ + Zinserträge

−   Wareneinsatz

−   Raumkosten

−   Personalgehälter

−   Versicherungen

−   Marketing

−   Sonstige Betriebskosten

=Gewinn/ Verlust vor Steuer

Auf die Darstellungsform der Gewinn- und Verlustrechnung wurde bereits ausführlich eingegangen. Hier eine grafische Zusammenfassung:

Annahme, dass die Summe der Erträge 1 Mio. € und die Summe der Aufwendungen 600.000 € ausmacht:

Aufwendungen		**Erträge**	
Materialaufwand	x €	Umsatzerlöse	x €
Personalaufwand	x €	Sonstige Erträge	x €
Marketingaufwand	x €	Zinserträge	x €
Sonstiger Aufwand	x €		
Aufwand für Beratung	x €		
Mietaufwendungen	x €		
Zinsaufwendungen	x €		
Summe	600.000 €	**Summe**	1 Mio. €

Nachdem Sie die einzelnen Positionen aufgelistet haben, sehen Sie die Aufwendungen und die Erträge der Apotheke. Anschließend subtrahieren Sie die Aufwendungen von Erträgen und erhalten das voraussichtliche Ergebnis der Gewinn- und Verlustrechnung.

Erträge – Aufwendungen = Ergebnis/Ertrag/Erfolg

Erträge > Aufwendungen ¨ Gewinn
Erträge < Aufwendungen ¨ Verlust
Erträge = Aufwendungen ¨ Aufwandsdeckung

An der unteren Grafik können Sie die zusammengefassten Zwischenschritte einer Gewinn- und Verlustrechnung sehen:

Aufwendungen	Erträge
Materialaufwand	Umsatzerlöse
Personalaufwendungen	Sonstige Erträge
Miet-/Raumkosten	Zinserträge
Leasing	
Abschreibungen	
Marketing	
Sonstige Aufwendungen	
Zinsaufwendungen	
Summe Aufwendungen	**Summe Erträge**

Gewinn vor Steuer (sofern Sie mehr Erträge als Aufwendungen haben) oder

Erträge
- Aufwendungen
= **Ergebnis vor Steuer**
- <u>Einkommenssteuer</u>
= **Ergebnis nach Steuer**

In diesem Beispiel wird unterstellt, dass die Apotheke mehr Erträge als Aufwendungen hatte. Somit entsteht der Differenzsaldo auf der Seite der Aufwendungen. Er ist gleichzusetzen mit einem Gewinn vor Steuer. Umgekehrt würde ein Verlust rein grafisch in dieser Darstellung auf der Seite der Erträge erscheinen und mit diesen verrechnet werden zum Ergebnis vor Steuer. Bitte betrachten Sie diese mögliche Ergänzung als eine Ergebnisbetrachtung und NICHT als eine Unterposition der Aufwendungen bzw. Erträge! Eine solche grafische Zusammenfassung wie oben bezeichnet man als Kontenform. Sie ist übersichtlich und leicht zu lesen. In der Regel werden die Daten aber untereinander aufgelistet. Das ist die so genannte Staffelform:

Umsatzerlöse (betriebsbedingte Erträge)

+   Sonstige Erträge

–   Materialaufwand

–   Personalaufwand

–   Marketingaufwand

–   Sonstige Aufwendungen

+/– Finanzergebnis

=   **Ergebnis vor Steuer**

–   <u>Einkommenssteuer (auf das Apothekenergebnis)</u>

=   **Ergebnis nach Steuer**

Es ist möglich, hier Zwischensummen zu bilden, aber nicht notwendig. Um das Ergebnis neutral aufzeigen zu können, wird der Begriff „Ertrag" (vor und nach Steuer) verwendet. Sehr häufig wird auch „Ergebnis" (vor und nach Steuer) eingesetzt. Das Ergebnis fällt positiv aus, wenn Sie mehr eingenommen als ausgegeben haben. Umgekehrt erhalten Sie ein negatives Ergebnis, wenn die Aufwendungen höher als die Erträge waren

- Ein positives Ergebnis nennen Sie: Gewinn (vor Steuer)
  alternativ: Jahresüberschuss.
- Ein negatives Ergebnis nennen Sie: Verlust
  alternativ: Jahresfehlbetrag.

Ein Verlust wird nicht besteuert und wird auch nicht in Form einer Entschädigung rückerstattet. Das ist das kaufmännische Risiko jedes Unternehmers. Die ursprüngliche Frage nach der Erfolgsmessung lässt sich beantworten, wenn die Aufwendungen den Erträgen gegenübergestellt werden und dabei das Ergebnis positiv ausfällt. Erfolgreich im Sinne der Gewinn- und Verlustrechnung sind Sie dann, wenn Sie einen Gewinn erwirtschaftet haben.

Dieses Resümee ziehen Sie in der Regel zum Geschäftsjahresende. Die Gewinn- und Verlustrechnung wird im Zuge des Jahresabschlusses für das Finanzamt erstellt. Liegt der Gewinn unter 50.000 €, unterliegt der Einzelkaufmann nicht der so genannten Bilanzierungspflicht. Wird der Wert einmalig überschritten, muss nachfolgend jährlich eine Bilanz erstellt werden.

Der Ertrag vor Steuer wird mit dem persönlichen Einkommenssteuersatz des Inhabers versteuert. Der maximal denkbare Prozentwert liegt momentan bei 42 % (Spitzensteuersatz). In unserer Beispielapotheke nehmen wir Steuer in Höhe von 168.000 € an:

	Erträge	1.000.000 €
−	Aufwendungen	600.000 €
=	Ertrag vor Steuer	400.000 €
−	Einkommenssteuer 42%	168.000 €
=	Ertrag nach Steuer	232.000 €

Wann ist eine Apotheke rentabel?

Einer der betriebswirtschaftlich relevantesten Aspekte ist die Frage nach der Rentabilität eines Unternehmens. Für Sie als Unternehmer heißt das konkret: Hat sich der Einsatz von Kapital im Sinne eines finanziellen Vorteils gelohnt? Dieses Kapitel zeigt auf, wie Sie mit den absoluten Werten, die Sie innerhalb der GuV ermittelt haben, umgehen können. Berechnen Sie Kennzahlen, die Ihnen helfen, die Wertigkeit der Ergebnisse zu ermitteln. Die nachfolgende Betrachtung wird sich auf die monetär messbaren Werte beziehen. Die Faktoren des persönlichen Einsatzes und der privaten Sichtweise (zum Beispiel nach Übernahme der Apotheke von den Eltern oder aufgrund des Bedürfnisses, der eigene Chef sein zu können etc.) sind sehr individuell und hier nicht zu beantworten. Es gibt vier klassische Rentabilitätskennzahlen und daher auch vier unterschiedliche Renditen. „DIE Rendite" gibt es nicht. So wie das Ergebnis einer Additionsrechnung

„Summe" heißt, so heißt das Ergebnis einer Rentabilitätsberechnung „Rendite". Häufig ist damit die Gesamtkapitalrentabilität gemeint. Es gibt ferner auch die Eigenkapital-, Fremdkapital- oder Umsatzrendite. Werden Sie also gefragt, wie hoch die Rendite in der Apotheke ist, müssten Sie eigentlich erst rückfragen, welche Rendite genau gemeint ist. Zur Ermittlung der Rentabilität wird immer der Gewinn in ein Verhältnis gesetzt – zum einen mit dem investierten Kapital der Apotheke und zum anderen mit dem Umsatz (Umsatzrentabilität). Die Angabe erfolgt immer als Prozentwert.

> **Tipp: Verknüpfen Sie das Wort „Rentabilität" immer mit „Gewinn"!**
> Dieser ist die Basis, um die Rentabilität berechnen zu können. Denn die Rentabilitätsberechnung bildet immer das Verhältnis zwischen dem Gewinn und einer Vergleichsgröße wie zum Beispiel Eigenkapital, Fremdkapital, Gesamtkapital oder Umsatz ab. Beispiel: Werden Sie nach der Eigenkapitalrentabilität gefragt, so setzen Sie rechnerisch den Gewinn mit dem Eigenkapital ins Verhältnis:
> Eigenkapitalrentabilität (EKR): = GEWINN ÷ Eigenkapital × 100

Das Kapital einer Apotheke setzt sich aus Eigen- und Fremdkapital zusammen (in Ausnahmefällen ist eine Apotheke zu 100 Prozent nur aus Eigenkapital finanziert). Daraus lassen sich verschiedene Berechnungen der Rentabilität mit unterschiedlichem Aussagewert ableiten.

Berechnung der Rentabilität:

Gesamtkapitalrentabilität = Gewinn ÷ Gesamtkapital der Apotheke × 100 Eigenkapitalrentabilität = Gewinn ÷ Eigenkapital × 100

Wir werden zunächst den Gewinn nach Steuer verwenden – abgeleitet aus Ihrer GuV. Sie können den Begriff „Gewinn" auch mit mehrere Alternativen (zum Beispiel **E**arnings **B**efore **I**nterest, **T**axes, **D**epreciation, Amortization, kurz: EBITDA) ersetzen, aber diese speziellen Kennzahlen gehen weit über Grundlagenwissen hinaus. Sie finden hierzu Beispiele in meinem Controlling-Buch.

1. Eigenkapitalrentabilität (EKR)

Zur Berechnung der EKR benötigen Sie zunächst den Gewinn nach Steuer. Das Eigenkapital wird auch als „Eingebrachtes Kapital" oder „Anfangskapital" bezeichnet. Sie finden diese Angabe auch in Ihrer Bilanz, auf der Passiva-Seite. Es ist die Menge an Kapital, die der Inhaber aus eigener Kraft in die Apotheke investiert hat und nicht über die Bank aufgenommen ist. Anhand der EKR erkennen Sie, inwieweit sich das selbst investierte Kapital verzinst (rentiert) hat.

Beispielrechnung:

Eigenkapital: 300.000 €
Ertrag nach Steuer (Gewinn):   60.000 €

Berechnung Eigenkapitalrentabilität: 60.000 € ÷ 300.000 € × 100 = 20 %

Auswertung: Der Apothekeneigentümer erzielt eine Verzinsung seines Eigenkapitals in Höhe von 20 Prozent. Eine ähnliche oder bessere Verzinsung würde gegenwärtig mit keiner sicheren Geldanlage zu erzielen sein. Das Eigenkapital hat also sehr rentabel in der Apotheke gearbeitet, die Investition hat sich „rentiert" und das Unternehmerrisiko hat sich gelohnt. Der Wert ist nach oben hin offen.

Die untere Grenze ist nach dem individuellen Empfinden unterschiedlich, liegt aber zumindest auf der Höhe der aktuell erzielbaren Verzinsung von Finanzanlagen auf dem Kapitalmarkt. Sie könnten Ihr Kapital auch zur Bank bringen und es völlig ohne Risiko für ein Jahr anlegen, anstatt es in die

Apotheke zu investieren. Welche Zinserträge bekäme man heute? Allein die Aussage „ohne Risiko" geht mit der Tatsache einher, dass eine geringe Verzinsung zu erwarten ist. Momentan sprechen wir hier von 2,5 – 4,5 Prozent Zinsen.

Weiterhin hat der Apotheker die Möglichkeit, Geld beim Großhandel anzulegen. Dies ist ein übliches Kundenbindungsinstrument und stellt in der Regel eine attraktive Verzinsung dar. Wie auch immer, stellen Sie sicher, dass Ihr Geld, das in der Apotheke eingesetzt ist, höhere Gewinne erwirtschaftet, als es Zinsen auf dem Kapitalmarkt dafür gäbe. Nur dann sind Sie rentabel und verfügen über einen Firmenwert.

2. Gesamtkapitalrentabilität (GKR)

Das Gesamtkapital errechnet sich als Summe aus Eigen- und Fremdkapital. Wie zuvor auch, entnehmen Sie diese Angaben aus Ihrer Bilanz (Passiva).

Beispielrechnung:

Gesamtkapital: 300.000 € + 500.000 €   = 800.000 €
Ertrag nach Steuer: 60.000 €

Berechnung Gesamtkapitalrentabilität: 60.000 € ÷ 800.000 € × 100 = 8 %

Auswertung: Die GKR wird mit dem üblichen, für eine sichere Anlage zu erzielenden jährlichen Kapitalmarktzins verglichen. Das gesamte Kapital in Höhe von 800.000 € kann auf dem (sicheren) Kapitalmarkt keine Verzinsung von 8 Prozent erbringen. Dieses Beispiel wäre also auch rentabel.

Zu Beginn des Kapitels wurde darauf hingewiesen, dass die Frage nach der Rentabilität allgemein nur mit monetären Fakten beantwortet wird. Natürlich gibt es neben den finanziellen Aspekten auch andere Beweggründe, eine Apotheke zu betreiben. Diese nichtmonetären Aspekte, wie zum Beispiel die Fortführung einer Familientradition, sind ebenfalls von großer Bedeutung und sollten neben den betriebswirtschaftlichen Faktoren mit in die unternehmerischen Überlegungen einfließen.

Für die Erfolgsmessung in der Apotheke ist die Kapitalrentabilität vorrangig. Sie fragen sich, ob Sie mit dem investierten Kapital nicht anderweitig erfolgreicher wären, im Sinne von einer höheren Verzinsung im Vergleich zu Ihrem Gewinn.

3. Umsatzrentabilität (UR)

Während Sie sich bei der Kapitalrentabilität mit Ihrer eigenen Geldeinlage beschäftigen, fragen Sie bei der UR, wie erfolgreich das Geld arbeitet, das von Ihren Kunden gebracht wird. In der Grafik unten sehen Sie eine typische Veröffentlichung. Was bedeutet die Aussage, dass der Mittelstand eine durchschnittliche Umsatzrendite von 7,5 % hat?

Durchschnittliche Umsatzrenditen von mittelständischen Unternehmen in Deutschland nach Branchen im Jahr 2021

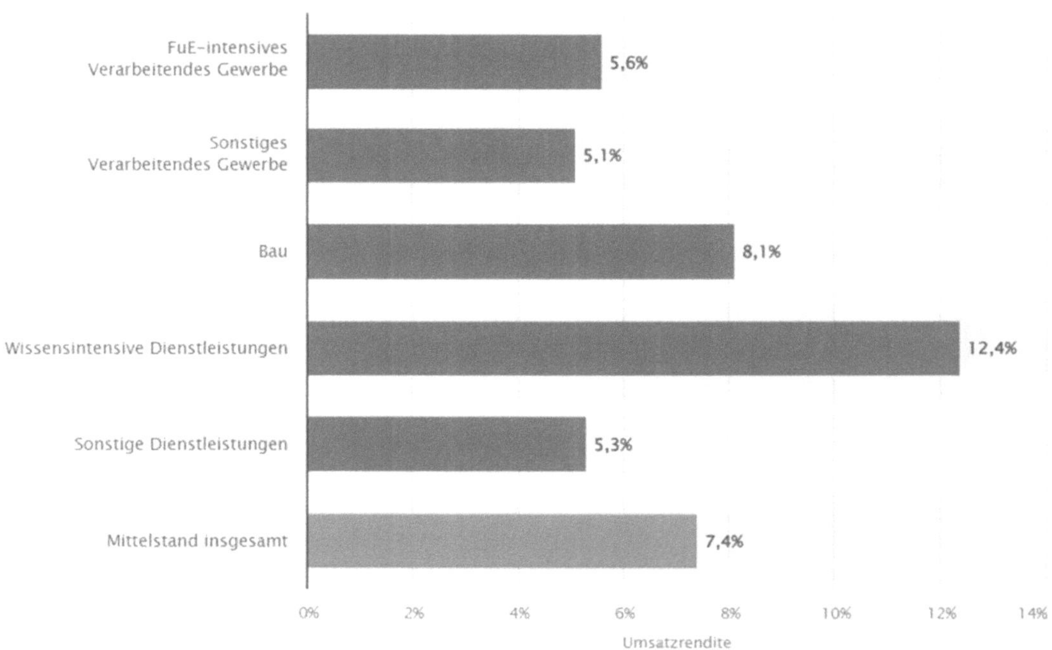

Quelle: KfW, Statista 2023

7,4 % Umsatzrentabilität sagt aus, dass Sie an jedem Euro, den Ihnen der Kunde bringt, ca. 7 Cent Gewinn erwirtschaften. Jetzt vergleichen sich die Unternehmen untereinander und schauen, wer mehr aus dem einen Euro machen kann.

Vorsicht! Gewöhnen Sie sich bitte immer erst zu hinterfragen, welcher Gewinn gemeint ist. Wurde hier mit dem Ertrag vor Steuer oder nach Steuer gerechnet? Wir können auch nur hoffen, dass der Netto-Umsatz gemeint ist. Eine Zeit lang hatte der Apothekendachverband die Brutto-Umsatzrentabilität veröffentlicht. Weiterhin können Sie bei der Grafik nicht ableiten, welche Gesellschaftsformen berücksichtigt worden sind. Bei Kapitalgesellschaften ist der Inhaber angestellt und zahlt sich ein Gehalt aus. Hier ist der Gewinn automatisch kleiner als im Apothekenbereich unter vergleichbaren Bedingungen. Es ist also sehr wahrscheinlich, dass hier Äpfel mit Birnen verglichen werden. Bitte betrachten Sie solche Veröffentlichungen immer mit einem gesunden Abstand und vor allem: zweifeln Sie nicht allzu schnell an sich!

Fazit: Gewinn und Apothekenerfolg
Eine Gewinn- und Verlustrechnung dient zur Gewinn- bzw. Verlustdarstellung der Apotheke. Das Ergebnis der Berechnung heißt „Ertrag vor Steuer". Es ist ein neutraler Begriff, der sowohl Gewinn als auch Verlust bedeuten kann. Der Gewinn wird mit dem persönlichen Einkommenssteuersatz versteuert und im Anschluss liegt Ihnen der Ertrag nach Steuer vor.

Vielen ist sehr unklar, was für ein „Gewinn" gemeint ist, wenn über dessen Höhe gesprochen wird. Hierzu gibt es tatsächlich verschiedene Interpretationsansätze. Als denkbare Varianten werden immer wieder folgende Synonyme verwendet:

- Jahresüberschuss
- Betriebsergebnis
- Ergebnis/Gewinn vor/nach Steuer
- Unternehmensergebnis
- Ertrag vor/nach Steuer

Die oben aufgelisteten Begriffe zeigen, wie differenziert der Geschäftserfolg zu betrachten ist. DEN Gewinn gibt es nicht. Hinterfragen Sie stets, welcher Aspekt von Gewinn jeweils gemeint ist. Möglicherweise sprechen Sie nur über eine der Zwischensummen, wie zum Beispiel das Betriebsergebnis.

Ein weiterer Grund für die Verwirrung bei den Begrifflichkeiten ist, dass ein Apothekeninhaber zwar das Ergebnis nach Steuer als seinen eigenen Gewinn betrachten kann (sofern überhaupt ein Gewinn erwirtschaftet worden ist), davon aber noch seine private Sozialabsicherung (Versorgungswerk, Krankenkassen etc.) tätigen, seine Tilgung der Kredite erfüllen und für mögliche Investitionen sparen muss. Wäre die Apotheke eine Kapitalgesellschaft, würde sich die Frage nach den Sozialabgaben des Inhabers nicht stellen, da er als Geschäftsführer angestellt wäre und diese Kosten als Personalkosten abfließen würden. Der danach erzielte Gewinn wird in diesem Fall pauschal besteuert und es bleibt das so genannte Ergebnis nach Steuer.

2.4 Apotheken in Deutschland – Fokus Wirtschaftlichkeit

Dass es den Apotheken nicht mehr so gut geht wie „früher", ist allgemein bekannt. Leider lag Ende 2022 der Umsatz sogar bei ca. 60 Prozent aller Apotheken unter dem Durchschnitt und gut ein Viertel im unteren Segment der gesamten Umsatzklassen. Die Kategorisierung nach Umsatzklassen zeigt eine breite Streuung bei den Apotheken. Hier macht die ABDA für 2022 folgende Angaben:

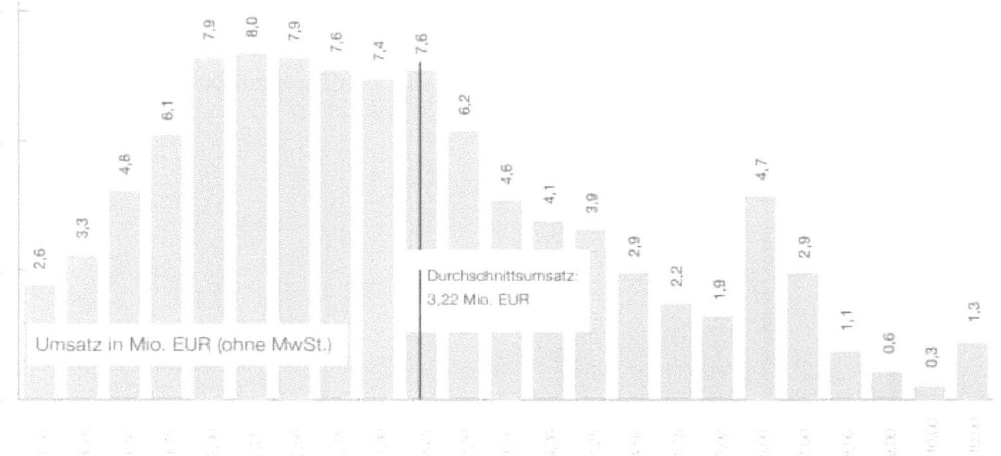

Quelle: Treuhand Hannover GmbH (Treuhand-Datenpanel); ABDA Daten, Zahlen, Fakten 2023

Die erhöhten Umsätze 2021 sind z.T. auf die Gegebenheiten während der Pandemie zurückzuführen. Einnahmen stiegen durch Abgabe von Masken, Covid-Tests, Zertifikaten oder/und Hygieneartikeln. Dennoch besteht weiterhin der Trend, dass neue Arzneimittel auf den Markt kommen, die hochpreisig (AEP) sind. Da die Lieferanten bezahlt werden müssen, nützen diese hohen Umsätze recht wenig. Wir haben sogar immer mehr einen sogenannten „Hochpreisertourismus", da Kunden immer häufiger nach Apotheken suchen, in denen auch ihr hochpreisiges Rezept bedient wird.

Hoher Umsatz, aber was ist mit dem Gewinn? Der Sprung im durchschnittlichen Umsatz über 3 Mio. € erscheint sehr erfreulich, aber sicher haben Sie genug Verständnis dafür entwickelt, dass es auf den Gewinn ankommt und nicht nur auf den Umsatz.

2020 lag das Ergebnis **vor** Steuer der durchschnittlichen Apotheke bei ca. 166.000 €. In der Pandemiehochphase 2021 sprachen wir über ein Betriebsergebnis von 211.000 € und 2022 wieder von nur noch 163.000 €. Geht man davon aus, dass Steuern und Sozialabsicherung folgen, so bleibt ein Verfügungsbetrag von ca. 60 T€. Und das ist eine eher optimistische Schätzung. Die Tilgung der Kredite (Rückzahlung) bekommt man schließlich auch nicht geschenkt!

In den unteren Umsatzklassen der obigen Tabelle erzielten die Inhaber zwar auch einen Gewinn, der aber lag unter dem Gehalt vollzeitbeschäftigter Approbierter.

Die ABDA gibt in der jährlichen ZDF-Broschüre einen Überblick hierzu:

	2020	2021	2022
Nettoumsatz* in Tsd. EUR	**2.776**	**3.079**	**3.225**
– Wareneinsatz	2.152	2.366	2.530
= Rohertrag	624	713	695
– Personalkosten	280	298	331
– Sonstige steuerlich abzugsfähige Kosten	188	216	215
= steuerliches Betriebsergebnis (vor Steuern)**	**166**	**211**	**163**
davon Teilbetriebsergebnis GKV ***	85	79	84
davon Zuschüsse für den Nacht- und Notdienst	8	8	9
davon Zuschüsse für den Botendienst	4	4	4

Zusätzlich stellt sich die Frage, wie viel Einsatz der Inhaber einbringt. In der Regel erlebe ich Chefs, die regelmäßig und viel mitarbeiten und zusammen mit der hochwertigen Ausbildung und Erfahrung, privater Haftung, gesellschaftlicher Verantwortung, strikten Öffnungszeiten und der Gesamtbelastung ist dieser Verfügungsbetrag deutlich als „unterbezahlt" zu sehen. Von diesem Betrag müssen noch Kredite bedient werden, alle übertariflichen Forderungen der Mitarbeiter im nächsten Jahr abgefangen werden, Reinvestitionen getätigt und das Privatleben beschritten werden.

Alle 17 Stunden schließt eine Apotheke? Wir sprechen 2023 von ca. 17.500 Apotheken. Der negative Trend setzt sich weiter fort und hat wohl nur einen positiven Effekt: Die übriggebliebenen Apotheken leisten automatisch mehr Notdienste. Jeder vollständige Nacht- und Notdienst wurde im 1. Quartal 2023 mit ca. 433 € vergütet (neuer Rekord). Wir erwarten hier eine Reform zur gerechteren Verteilung der Notdienste im Jahr 2025.

2023 haben wir Berater nicht glauben können, wie schnell sich die wirtschaftliche Lage weiterhin verschlechtert hat. Der enorme Kostenanstieg, der erhöhte Kassenabschlag, leicht verschlechterte Einkaufskonditionen und fehlendes Engagement bei „ausgebrannten" Apothekenteams lösten bei auch den ruhigsten Gemütern Unmut aus und die Streikaktionen hatten mehr denn je ihren Raum gefunden.

Die erhöhten Kosten müssten eigentlich über die Preiskalkulation an den Kunden weitergegeben worden sein. Und uneigentlich auch! Ende 2020 wäre die höchste Zeit dafür gewesen, da ab Januar 2021 aufgrund der MwSt.-Aufstockung sowieso für Kunden ein Nachteil entstanden ist. Auch im Zuge der hohen Inflation Anfang 2023 wären gute Chancen für eigene Preiserhöhungen gewesen.

Darüber hinaus haben Sie auf Kostendeckung UND Gewinnerzielung mittels Preisgestaltung im Non-Rx-Bereich zu achten. Hierzu ist einerseits die richtige Kalkulation relevant als auch das Engagement Ihres Verkaufspersonals. Machen Sie Ihre Mitarbeiter zum „Unternehmer im Unternehmen" und gestalten Sie den Gesamterfolg als gesamtes Team. Lesen Sie hierzu mehr in meinem Buch „Unternehmerisch denken, besser verkaufen" ISBN 978-3774113794.

Seit vielen Jahren bin ich sehr dankbar über die Datenveröffentlichungen des Landesapothekerverbands Baden-Württemberg. Zum Buchdruck waren die Zahlen bis Oktober 2023 bekannt. Auch handelte es sich nur um Hochrechnungen. Bitte betrachten Sie daher die Zahlen nur zur groben Orientierung und greifen Sie bei Bedarf auf offizielle Veröffentlichungen der ABDA zurück.

Während der Pandemie war es ständig notwendig zu betonen, dass die Zahlen nicht repräsentativ sind und daher freue ich mich, wenn in die Zahlenwelt langsam etwas Normalität zurückkehrt.

So lässt sich bezüglich der effektiven **GKV-Ausgaben[9] für Arzneimittel (AM) und Impfstoffe[10]** im Jahr 2023 im Vergleich zum Vorjahr erkennen, dass…

- … im März 25,01 % AM-Umsatz mehr generiert wurde. Bei den Impfstoffen war es sogar ein Plus von 43,57 %. Der März war der erste spürbare Corona-Monat mit dem Ansturm und Bevorratung.

---

[9] Umsätze inkl. MwSt., abzüglich Abschläge der Hersteller und Apotheken, abzüglich Zuzahlungen

[10] Die durch Rabattverträge nach § 130a VIII SGB V erzielten Einsparungen der GKV sind in den vorliegenden Zahlen nicht berücksichtigt. Diese Rabatte werden direkt zwischen Krankenkassen und Herstellern ausgehandelt, sodass nur dort aktuelle Informationen zu den erzielten Einsparungen vorliegen.

- … im April und Mai nicht nur gefühlt nichts mehr los war, sondern auch zahlentechnisch, mit jeweils einem Minus von 1,8 % und 5,4 % (Impfstoffe - 8,38 % und - 1,44 %).
- … nach Mai ein Auf und Ab folgte.
- … insgesamt bis Oktober aber dennoch mehr GKV-Ausgaben als im Vorjahr generiert wurden. Im Mittelwert wurde bis Oktober ein Plus von 5,4 % verzeichnet. Bei den Impfstoffen sogar + 15,24 %

Fazit: Der Schock über die ungewöhnliche Situation der Pandemie hat Ängste ausgelöst. Standorte, die in der Vergangenheit häufig zu den Gewinnern gezählt haben, haben mit dem Lock down schwere Einbußen gehabt und umgekehrt. Es konnte auch keine Normalität einkehren, da jeder Monat einen anderen Verlauf zu nehmen schien. Da sehr viele Apotheken Ihre BWA sehr zeitversetzt von den Steuerberatern bekamen, konnte auch schlecht das schlechte Bauchgefühl mit entsprechenden Zahlen gestützt oder widerlegt werden.

Ist die eine Katastrophe so langsam verkraftet und verarbeitet worden, so erfuhr in der zweiten Jahreshälfte ungefähr jede sechste Apotheke das nächste Desaster. Der Rezeptabrechner AvP hat sehr plötzlich und unerwartet die Rezeptumsätze nicht ausgezahlt. Nach korruptem Managerverhalten schuldete AvP den Apothekern geschätzt durchschnittlich 120.000 Euro, in einzelnen Fällen sollen es sogar bis zu einer Million Euro gewesen sein. Dies brachte die Apotheken in erhebliche Zahlungsnot. Das Verfahren ist zum Buchdruck noch nicht abgeschlossen, aber es ist schon absehbar, dass Apotheker kaum gute Aussichten haben. Ende des Jahres sind seitens der Regierung Hilfen angekündigt worden. Bislang sehr erfolgreiche Apotheken haben da jedoch schon die private Insolvenz durchgerechnet.

Was konnten wir aus der Krise mitnehmen?
- Apotheken-Teams scheinen in Krisen eher zusammenzuwachsen.
- Preiserhöhungen sind nötig, um erhöhte Kosten tragen zu können.
- Führung als Vorbild und Fels in der Brandung ist elementar. Mitarbeiter sind Menschen und diese brauchen gerade Rituale, Kommunikation und Klarheit, um mit den eigenen Ängsten besser klarzukommen.
- Schnelle Entscheidungen und pro-aktives Handeln gelingt nur, wenn

man schon zu guten Zeiten seine Mitarbeiter „dahin erzogen" hat.

- Menschlichkeit am Kunden gelingt nur, wenn man den Kopf und die Muße dafür hat. Sobald Kunden nur noch „abgearbeitet" werden, geht Kundenbindung verloren. In Hochphasen der Pandemie stiegen die Klickraten bei bekannten Versandapotheken um das Dreifache und davon waren 80 % echte Käufe. Das heißt, dass auch die Kunden, die bislang eher online zurückhaltend waren, in dieser Zeit ihre Erfahrungen gemacht haben, wie „leicht" man an diese Ware kommen kann.

- Apotheker, die vor der Pandemie bereits gut vernetzt waren innerhalb ERFA-Gruppen (Erfahrungsaustausch-Gruppen) etc., hatten schneller Ware liefern können, da der Informationsaustausch im größeren Umfang möglich war. Gute Ideen konnten sich schneller verbreiten, Fragen schneller beantwortet werden.

- Chefs, die vor der Pandemie nicht gelernt hatten, gut zu delegieren, hatten während der Krise weder Zeit noch Muße, nach ungewöhnlichen Lösungen zu suchen.

- Hoffnung auf Hilfe von „oben" ist unangebracht. Es gibt sicherlich immer wieder Hilfen, aber zeitlich zu stark versetzt. Es braucht aktives Krisenmanagement mit kreativen Denkern und Ideen. Spinnen darf erlaubt sein und eine Kultur der Stärken (statt Fehlerorientierung) muss vorliegen.

- Apotheken, die vor der Pandemie bereits aktiv in sozialen Medien waren, haben ihre Kunden bereits für sich gewonnen und konnten dadurch besser und mehr kommunizieren. Diese Apotheken sind es auch gewesen, die schneller digitale Lösungen angeboten haben.

2.5 Die betriebswirtschaftliche Analyse (BWA) bzw. Interner Betriebsvergleich (IBV) – die kurzfristige Erfolgsrechnung

Was ist eine BWA und warum kann ich nicht einfach die Gewinn- und Verlustrechnung verwenden?
Im Titel lesen Sie sowohl die BWA als auch die IBV. Jahrelang und auch heute ist der Begriff „BWA" etabliert. Vor einigen Jahren hat jedoch die größte Steuerberatungsgesellschaft Deutschlands den Begriff verändert und von BWA

auf IBV umgestellt. IBV schien vor allem daher passend, da es auch einen „EBV" gibt, den sogenannten externen Betriebsvergleich. Im EBV wird der Service geleistet, dass man zu seiner Apotheke Vergleichszahlen (extern) geliefert bekommt. Dennoch, der Begriff BWA ist der eigentliche Standard und gilt als allgemein gesetzt. Nachfolgend wird also vereinfachend immer nur über die BWA gesprochen. Auch wird der Begriff nicht ausgesprochen, sondern als Abkürzung verwendet.

Die betriebswirtschaftliche Analyse, kurz BWA, zeigt den wirtschaftlichen Erfolg der Apotheke während des Geschäftsjahrs an und dient damit als kurzfristige Erfolgsrechnung. „Kurzfristig" bedeutet hier, dass Sie nicht erst bis zum Jahresabschluss warten müssen, sondern schon nach kurzen Zeiträumen wie beispielsweise einem Monat den Erfolg Ihrer Apotheke anhand verlässlicher Zahlen ablesen können. Die BWA ist eine reine Ist-Berichterstattung, die in der Regel vom Steuerberater kurz nach Monatsende erstellt wird. Im Gegensatz zur GuV liegt der Fokus der BWA rein auf der unternehmerischen Steuerung und nicht auf Steuerwirksamkeit, d. h., das Dokument ist für den Apotheker gedacht, und nicht für das Finanzamt!

> **Merke: Die BWA ist Ihr wichtiges Instrument zur operativen Steuerung!**
> Die BWA ist hinsichtlich Kennzahlen und Anordnung frei gestaltbar, daher sollten Sie als Verantwortlicher selbst die Vorgabe treffen, was Sie monatlich beobachten und messen möchten. Geben Sie Ihrem Steuerberater hier klare Vorgaben.

Einer BWA liegt genau die gleiche Idee wie der Gewinn- und Verlustrechnung zugrunde: Sie will den Erfolg der Apotheke messen. Das Verfahren ist vergleichbar, als würden Sie monatlich eine Gewinn- und Verlustrechnung erstellen. Man könnte das Dokument auch Monats-GuV nennen, doch das ist nicht üblich. Zudem zahlt man unterjährig keine Einkommenssteuer auf den monatlichen Gewinn – ein weiterer Grund, weshalb Sie nicht von der Monats-GuV sprechen sollten. Nutzen Sie die BWA als ein Mittel zur Steuerung des unterjährigen Erfolgs und halten Sie diese detaillierter als eine Gewinn- und

Verlustrechnung. Die BWA sollte daher alle Kosten und Leistungen, Bestand-
sänderungen (sofern technisch möglich) sowie einige bestimmte kalkulatorische Größen beinhalten, auf die im Laufe dieses Kapitels noch eingegangen
wird. In vielen BWAs werden zusätzlich verschiedene Kennzahlen (zum Beispiel Break-even-Analyse) angegeben. Die Frage ist, wie sinnvoll Kennzahlen
in einer BWA sind. Kennzahlen müssen im Zuge eines aktiven Controllings
unbedingt berechnet werden, aber dafür sollte ein eigenständiges Dokument
erstellt werden. Die Konzentration auf das Wesentliche hat auch in einer BWA
den Vorteil, dass sie weniger umfangreich und somit leichter und schneller
lesbar ist.

> **Merke: Verwechseln Sie nicht eine BWA mit einem Liquiditätsplan!**
> Um Klarheit über Ihre liquide Situation zu haben, sollten Sie unabhän-
> gig von der BWA einen Liquiditätsplan aufstellen. Es ist nicht die Aufga-
> be der BWA, Ihnen Infos über Ihren Finanzstatus zu geben.

Die BWA vermittelt dem Apothekeninhaber möglicherweise auch Informati-
onen über den monatlichen Erfolg der Apotheke, die von der Gewinn- und
Verlustrechnung abweichen. Diese Abweichung kann entstehen, wenn in der
BWA auch Kosten berücksichtigt werden, die nur „kalkulatorischer Art" sind.
Das bedeutet, diese gehen nicht mit einem Rechnungsbeleg einher, der steuerlich geltend gemacht werden kann. Daher sind solche Ausgaben nicht in der
Gewinn- und Verlustrechnung zu finden. Dazu gehören beispielsweise so genannte kalkulatorische Mietkosten, die entstehen, wenn Sie die Apotheke in
eigenem Haus betreiben und keine echten Mieten zahlen müssen. Zur korrek-
ten Erfolgsdarstellung gehört es jedoch dazu, dass dieser Vorteil berücksichtigt wird. Sie sollten daher „kalkulatorische Miete" berücksichtigen und auflisten. Ihr schriftliches Unternehmensergebnis sinkt dadurch logischerweise –
nicht das tatsächliche.

Weitere Abweichungen zwischen einer BWA und Gewinn- und Verlustrechnung ergeben sich, wenn einige Positionen in der BWA nicht erfasst werden, die aber in der Gewinn- und Verlustrechnung erfasst wurden. Beispiel:
Abschreibungen. Viele BWAs berücksichtigen nur echte Zahlungsströme. Die
Abschreibungen werden dabei außen vorgelassen, da es sich um die Darstellung von Wertverlusten handelt und keine „echten" Zahlungsflüsse abgebildet werden. Abschreibungen gehören jedoch zum Erfolg Ihrer Apotheke und

sollten unbedingt in die BWA aufgenommen werden, wohingegen sie im Liquiditätsplan unberücksichtigt bleiben. Die errechneten Abschreibungswerte fließen zwar nicht ab, sollten aber dennoch als Kosten in der BWA dargestellt werden. Da möglicherweise in der Zukunft Reinvestitionen notwendig sein werden, sollten Sie die Abschreibungswerte als eine Art Ansparung behandeln. Außerdem kann es vorkommen, dass Banken die Tilgungsraten für Investitionen nach der Höhe der AfA definieren. Sie tilgen in Höhe der Abschreibung und somit muss dieser Kostenblock de facto erwirtschaftet und eingenommen werden und darf in der BWA nicht unberücksichtigt bleiben. Gerade dann, wenn die BWA als Instrument zur Kalkulation dient.

Oft wird von den Steuerberatern eine standardisierte DATEV-BWA als Vorlage verwendet, die viel zu viele Informationen beinhaltet und wesentliche Informationen unübersichtlich macht. Die DATEV eG ist ein Unternehmen, das informationstechnische Dienstleistungen für Steuerberater, Wirtschaftsprüfer und Rechtsanwälte erbringt. Sie bietet Beratung und Software an, die die genannten Berufsgruppen für Ihre Mandanten anwenden können. Dabei werden leider oft Standards ohne Plausibilitätsprüfung übernommen und später als Nullposition in der BWA geführt, da der Kostenblock nie in der Apotheke anfiel/relevant wurde. Daher ist eine individuelle BWA pro Mandanten zu empfehlen. Fazit: Da Sie die BWA monatlich erstellen sollten, ist es wichtig, zielführende Informationen daraus zu gewinnen. Wie wichtig und effizient jedoch eine Information für einen Apothekeninhaber ist, ist sehr individuell. Der Informationsbedarf weicht stark ab zwischen Kollegen, die gerade erst neu begonnen haben, und denen, die seit vielen Jahren eine erfolgreiche Apotheke führen.

Wie erstellen Sie eine BWA für Ihre Apotheke?
Horizontal bilden Sie in der BWA die Zeit ab und vertikal erfassen Sie die erfolgsrelevanten Erträge und Aufwendungen – ähnlich wie es bereits beim Jahresabschluss innerhalb Ihrer GuV dargestellt ist. Folgende Positionen sollten unbedingt enthalten sein:

Umsatzerlöse (jede Filiale sollte eine eigene BWA haben; daher wird der Umsatz pro Standort angegeben). Falls relevant: Umsatz aus Versand und/oder GH-Funktion, ebenfalls separat dargestellt. Netto-netto-Werte, d. h. ohne MwSt. und ohne Abschlag und Preisnachlässe (Rabatte etc.). Optimal wäre es, wenn es Ihnen sogar gelingt, Umsatz-Rx, Umsatz-HRx (Hochpreiser) und Umsatz non-Rx darzustellen. Aufgrund der Abrechnung mit Rechenzentren ist dies in den meisten Fällen möglich. WICHTIG: Der Umsatz kann auch nur erfasst werden, wenn das Rezept auch da ist. Das heißt im Falle von Praxisbelieferung sind die früher üblichen Quartalsnachreichungen von Rezepten heute nicht mehr angemessen. Zug um Zug.

Wareneinsatz (Bitte nicht Wareneinkauf! Erfassen Sie den monatlichen Warenendbestand und pflegen Sie die Einkaufspreise ein zu Netto-netto-Werten, d. h. abzüglich aller bekannten Rabatte, Skonti, zzgl. Beschaffungskosten [= Wareneinstandspreise]). Arbeitet die Apotheke noch mit dem POR-System ist nur die Abbildung vom Wareneinkauf möglich. Optimal ist es auch hier, wenn es Ihnen gelingt, die Warenkosten analog zum obigen Umsatz abzubilden. Das heißt auch die Trennung nach Rx, HRx und non-Rx. So einfach wie es oben beim Umsatz geht, so schwer wird es Ihnen an dieser Stelle fallen. Hierzu ist es vor allem notwendig, dass Sie Ihre Einkaufskonditionen verstanden haben, die GH-Rechnungen lesen und kontrollieren können und Ihre EKs korrekt im System hinterlegt haben.

WICHTIG: Ziel muss es sein, dass passend zum obigen Umsatz auch der jeweilige Wareneinsatz steht. Konkret: Was hat mich die Ware gekostet, die ich hier verkauft habe?

WICHTIG: Wenn Sie bei einem Lieferanten Valuta (späteres Zahlungsziel) erhalten haben, so behalten Sie nur eine KOPIE der Rechnung bei sich als Erinnerung und geben die Rechnung an den Steuerberater weiter! Die in dieser Rechnung enthaltene Vorsteuer schützt Sie vor einem unnötig hohen Liquiditätsabfluss. Darüber hinaus: bucht der Steuerberater die Rechnung dann voll in den Monat hinein, in dem die Rechnung bezahlt wird, bildet er wieder nur den Wareneinkauf ab und nicht Wareneinsatz. Folge ist dann, dass Ihre Warenkosten überproportional hoch zum obigen Umsatz sind und der Erfolg in diesem Monat sinkt.

Rohertrag, der sich aus der Verrechnung von Umsatz minus Wareneinsatz ergibt. Der Rohertrag ist enorm wichtig und bildet die strategische Messgrundlage für Ihren Erfolg. Je genauer Sie diesen abbilden können, desto eher können Sie auch etwas mit Ihrer BWA anfangen. Optimales Ziel hier ist wie auch schon oben die Trennung nach Rx, HRx und non-Rx.

Es ist nahezu heilsam zu sehen, wie hoch der Rohertrag an der größten Einnahmequelle - nämlich Rx - ist. Stellen Sie dann fest, dass der Rohertrag hier bereits kleiner ist als die Höhe Ihrer Betriebskosten, schärft es die Sensibilität auf Ihren non-Rx-Bereich. Denn einfach die Preise erhöhen im Rx-Bereich können Sie ja nicht. Also muss der non-Rx-Bereich dies kompensieren und darüber hinaus für echte Gewinne sorgen, um langfristig den Standort zu sichern.

- Sonstige betriebliche Erträge (beispielsweise Rückerstattungen von Lieferanten) werden zum Rohertrag hinzuaddiert.
- Betriebsergebnis 1: Rohertrag + sonstige betriebliche Erträge.
- Betriebskosten: alle relevanten Kosten, die den Umsatz „ermöglicht" haben, inkl. Abschreibungen. Erfassen Sie hier ebenfalls „sonstige betriebliche Kosten", d. h. Kosten, die eher in kleinen Summen anfallen und nicht einzeln aufgelistet werden müssen, aber dennoch operativen Charakter haben. Teilen Sie den Jahreswert durch 12 und erfassen Sie den Wert sofort, und nicht erst dann, wenn die Kosten gezahlt werden!
- Betriebsergebnis 2 = Betriebsergebnis 1 – Betriebskosten. Dieser Wert misst den unmittelbaren Apothekenerfolg.
- Addieren bzw. subtrahieren Sie nun Kosten und Erträge mit rein sonstigem Charakter, wie Spenden oder Versicherungszahlungen.
- Addieren oder subtrahieren Sie das Finanzergebnis (= verrechnete Zinserträge mit Zinskosten).
- Damit erhalten Sie das so genannte „Ergebnis vor Steuer" (vorläufig) (= Betriebsergebnis 2 +/– Sonstiges, neutrales Ergebnis +/– Finanzergebnis).
- Hiervon ist nun noch die Einkommensteuer abzuziehen (Sie zahlen i. d. R. die Einkommensteuer quartalsweise im Voraus, hier also ein Drittel ansetzen).
- Danach ergibt sich das Ergebnis nach Steuer (vorläufig) (=Ergebnis vor Steuer (vorläufig) – Einkommensteuer).
- Abzüglich des kalkulatorischen Unternehmerlohns (inkl. weiterer kalkulatorischer Aspekte wie zum Beispiel des kalkulatorischen Eigenkapitalzinses).

- Sehen Sie das Unternehmensergebnis (= Ergebnis nach Steuer – kalkulatorischer Unternehmerlohn).
- Zuletzt verrechnen Sie das Unternehmensergebnis mit der privaten
- Sozialabsicherung Inhaber, evtl. Tilgung und bekommen den Verfügungsbetrag, Ihr Nettogehalt.

Die meisten Positionen kennen Sie bereits aus der GuV. Folgende weitere Positionen sind neu bzw. können Sie optional aufnehmen:

- Trennung nach sonstigen und sonstigen betrieblichen Positionen: Versuchen Sie eine Messgröße zu generieren, die Ihren tatsächlichen (operativen) Erfolg Ihrer Apotheke abbildet. Alles, was sonstigen Charakter hat, sollte bei Zinsen und nach dem Betriebsergebnis aufgelistet sein.
- Betriebsergebnis 1 und 2: Die „sonstigen betrieblichen Erträge" werden häufig zum Umsatz addiert, was aber den Rohertrag verfälscht. „Sonstige Erträge" sollten wie oben beschrieben nach dem Betriebsergebnis 2 erfasst werden und „sonstige betriebliche Erträge" (oft spezielle Dienstleistung, die Sie mit anbieten) nach dem Rohertrag, aber vor den Betriebskosten.
- Einkommenssteuer: Berechnen Sie Ihre voraussichtliche Steuerzahlung schon jetzt, und nicht erst am Geschäftsjahresende. So erhalten Sie einen realistischen Blick, was von Ihren Einkünften de facto übrigbleiben wird. Da Sie diese Steuer quartalsweise im Voraus abführen müssen, dürfte es kein Zauberwerk sein, es monatlich abgebildet zu bekommen.
- Ergebnis nach Steuer (vorläufig): Wird benötigt, um auf den nächstwichtigen Schritt zu kommen, nämlich das Unternehmensergebnis.
- Kalkulatorischer Unternehmerlohn: Gehen Sie bei der Festsetzung des richtigen kalkulatorischen Unternehmerlohns so vor, dass Sie zunächst die Grenzen nach unten und oben ausloten. Die „goldene Mitte" wird es dann wahrscheinlich sein. Wichtig ist, dass Sie sich Ziele setzen und auf diese hinarbeiten. Wenn Sie in dem vergangenen Jahr die Summe Ihrer Privatentnahmen betrachten, können Sie einen Rückschluss ziehen, ob das nur die höchst notwendige Summe war oder ob Sie davon gut leben konnten. Wurden bisher Kredittilgung,

Bildung von Rücklagen, Reinvestitionen und die eigene Sozialabsicherung berücksichtigt? Wenn Sie dies mit bejahen können, dann wird der ermittelte Betrag Ihr fairer kalkulatorischer Unternehmerlohn sein. Wenn Sie hier noch Nachholbedarf sehen, dann berechnen Sie, was Ihnen noch fehlt, und setzen Sie sich erstrebenswerte Ziele für die kommenden Jahre.

- Junge Apotheker, die auch die Möglichkeit vor sich haben, als Filialleitung oder zum Beispiel alternativ in der Industrie einen Job zu bekommen, sollten ihren Marktwert kennen. Bewerben Sie sich testweise anderweitig. Wenn Sie sich dann dennoch für Ihre eigene Apotheke entscheiden, können Sie Ihren kalkulatorischen Unternehmerlohn an Ihrem Marktwert ausrichten.

- Unternehmensergebnis: Moderne Unternehmensführung in der Apotheke beinhaltet auch die Vergütung der Arbeitsleistung des Apothekeninhabers, und nicht nur die reine Betrachtung des Ergebnisses nach Steuer. Nur in der BWA haben Sie die Möglichkeit zu messen, wie viel vom Ergebnis übrigbleibt, nachdem Sie sich Ihr faires Gehalt angesetzt haben. Das Unternehmensergebnis zeigt also den finalen Erfolg der Apotheke.

- Verfügungsbetrag: Aufgrund der Gesellschaftsform als Einzelunternehmer muss ein Apotheker noch berücksichtigen, dass vom Ergebnis nach Steuer noch der Solidaritätszuschlag, Krankenkasse, Versorgungswerk etc. zu bezahlen ist. Werden dem Steuerberater diese notwendigen Verpflichtungen mitgeteilt, kann er dies zusätzlich aufnehmen. Wenn Sie zusätzlich monatliche Tilgung für Darlehen zu leisten haben, kann diese ebenfalls integriert werden. Der Verfügungsbetrag ist dann zu vergleichen mit dem Netto-Gehalt eines Angestellten.

- Planwerte: Im Zuge des strategischen Managements sollten Sie sich Ziele setzen und diese für die Erträge und Kosten Ihrer Apotheke in

Zahlen ausdrücken. Die permanent retrograde Betrachtung der Zahlen ist zwar notwendig, aber wenig spannend, da bereits alles „gelaufen" ist. Planen Sie daher den nächsten Monat vorab und überprüfen Sie, ob Sie die Planwerte am Monatsende auch erreicht haben. Gibt es Abweichungen, können deren Ursachen aufschlussreich sein für die weitere Geschäftsstrategie.

Tipp: Ich hoffe nicht, dass Sie monatlich viel Zeit mit Ihrer BWA verbringen, wenn Sie nicht die monatlichen Warenendbestände erfassen und zur Korrektur des Wareneinkaufs (= Wareneinsatz) verwenden.

Apotheken, die POR als Warenwirtschaftssystem verwenden, sind technisch gar nicht in der Lage dazu. In diesem Fall ist eine monatliche Betrachtung der BWA weniger sinnvoll. Sie haben keinen richtigen Roher- trag und somit kein richtiges Unternehmensergebnis. Erst am Jahresende können Sie sich ein richtiges Bild machen, weil da alle Warenbewegungen zuzüglich aller Boni- und Rabattzahlungen erfolgt sind. Betrachten Sie in diesem Fall die BWA zur Umsatz- und Kostenkontrolle 4- bis 6-mal im Jahr. Dazu reicht aber eine Übersicht von einzelnen Posten, die Sie sich als Kennzahlensystem zusammenstellen können (Controlling).

Detaillierte Darstellung der BWA

1.   Die horizontale Achse

Natürlich sollte Ihre BWA mit dem Namen Ihrer Apotheke und dem Datum des entsprechenden Monats beschriftet sein. Gerade bei Filialen wird es sonst unübersichtlich. Jede Filiale bekommt eine eigene BWA. In unserer Beispiel-BWA verzichten wir darauf, Kennzahlen, wie zum Beispiel Break-even-Point, aufzunehmen, da diese separat in einem Kennzahlensystem betrachtet werden sollten. Ich empfehle folgende Reihenfolge in der BWA-Darstellung: Horizontal wird die Zeitachse abgebildet, sodass unterschiedliche Informationen zu diversen Stichtagen erfasst sind. Für einen monatlichen Umgang mit Ihren Zahlen sollten Sie darauf verzichten, mehrere Jahre miteinander vergleichen zu wollen, sondern lediglich einen Vergleich mit den jeweiligen Vorjahrespositionen ziehen.

Die BWA sollte in der Horizontalen folgende Positionen aufweisen:

- Laufender Monat (mit Prozentgabe [Relation zum Umsatz bzw. Rohertrag = 100 Prozent] in nächster Spalte)

- Die kumulierten Werte des laufenden Jahres und ebenfalls Prozentangabe

- Den Vergleich zum kumulierten Wert des Vorjahres und ebenfalls Prozentangabe

- Den Vergleich zum Vorjahreswert des Monats (nur nach Bedarf)

- Planwert und ebenfalls Prozentangabe

Merke! Wann sagt man „Kosten" und wann „Aufwendungen"?
Der Begriff „Kosten" stammt aus dem internen Rechnungswesen, „Aufwendungen" aus dem externen. In größeren Unternehmen mit eigener Buchhaltung und Controlling fallen diese Begriffe häufiger an als in Apotheken. Sinngemäß dient das externe Rechnungswesen dem Jahresabschluss und Sie kennen bereits den Begriff „Aufwand" aus Ihrer Gewinn- und Verlustrechnung. Internes Rechnungswesen soll wie eine Art Controlling funktionieren und behilft sich diverser interner Tools wie zum Beispiel Preiskalkulation oder Deckungsbeitragsrechnung. Hier ist der Begriff „Kosten" beheimatet. Auch die BWA ist kein offizielles Dokument, sondern eine interne Erfolgsmessung. Es ist daher sehr häufig zu sehen, dass intern – in der BWA – von Kosten die Rede ist. In der Praxis ist diese theoretische Trennung kaum noch zu merken.

Ebenfalls sollten neben den absoluten €-Werten auch die prozentualen Angaben abgebildet sein. Dabei beziehen Sie sich auf die Basis Umsatz bzw. Rohertrag = 100 Prozent. Viele Apotheker sind dazu übergegangen, die Prozent-Darstellung im Vergleich zum Rohertrag zu machen. Dies ist absolut empfehlenswert. Wichtig ist in dem Zusammenhang nur, dass Sie bei Vergleichen mit Vergangenheitswerten oder anderen Apotheken jeweils die gleichen Werte gegenüberstellen, da immer noch in den meisten Fällen der Umsatz als Basis zugrunde gelegt wird.

Beispiel für horizontale Positionen:

Lfd. Monat	%	kum.	%	Vorjahr, kum.	%
1.000 €	1 %	2.000 €	1 %	1.900 €	1,1 %

2. Die vertikale Achse

Die Auflistung der Positionen erfolgt bei dieser Darstellungsform in Staffelform untereinander: Führen Sie zunächst Ihren Umsatz auf. Darunter positionieren Sie Ihre Ausgaben (= Kosten), ähnlich wie Sie es bereits aus der Gewinn- und Verlustrechnung kennen. Außerdem werden einige zusätzliche Positionen ergänzt, die in der Gewinn- und Verlustrechnung nicht vorhanden sind, zum Beispiel Rohertrag.

> **! Tipp: Betrachten Sie in der BWA die Kosten im Verhältnis zum Rohertrag**
> Wenn Sie außer Umsatz weitere Erträge haben, werden diese zwar aufgelistet, aber nicht im Verhältnis zum Umsatz bzw. Rohertrag abgebildet. Diese Positionen sind als „Nice-to-have" zu sehen. Nur das Verhältnis Ihrer Kosten zum Rohertrag ist jedoch zu beleuchten. Das hat hauptsächlich damit zu tun, dass Sie später die BWA zur Kalkulation von Preisen heranziehen und die sonstigen Erträge dabei keine Rolle spielen dürfen.

Umsatz bzw. Umsatzerlöse

Diese Position fasst alle unterschiedlichen Umsatzquellen (zum Beispiel Umsatz Rx, Barumsatz oder Umsatz Selbstmedikation) zusammen. Generieren Sie neben dem stationären Apothekengeschäft gesonderte Umsatzerlöse (zum Beispiel durch eine Versandapotheke oder im Zuge einer Großhandelsfunktion), so sollten Sie diese Positionen beim Umsatz separat auflisten:

- Umsatzerlöse Hauptapotheke bzw. Filiale
- Umsatzerlöse Versand
- Umsatz GH-Funktion

Dezember

	Lfd. Monat	%	kum.	%	Vorjahr, kum.	%
Umsatzerlöse	85.000 €		700.000 €		600.000 €	
Umsatz Versand	10.000 €		200.000 €		0 €	

Die Prozentangaben sind hier bewusst weggelassen, da es die Basis sein soll, bzw. für den Fall, dass die Basis der Rohertrag ist, sind sie hier überhaupt nicht relevant. Je nach Häufigkeit von anfallenden hochpreisigen Arzneimitteln empfehle ich sogar die separate Darstellung des Umsatzes mit Hochpreisern.

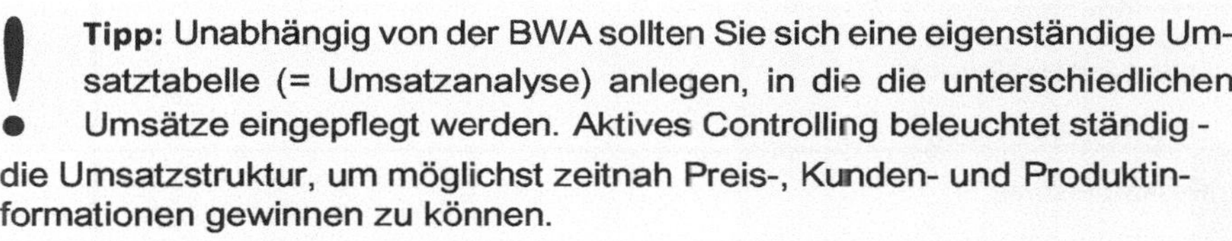

Tipp: Unabhängig von der BWA sollten Sie sich eine eigenständige Umsatztabelle (= Umsatzanalyse) anlegen, in die die unterschiedlichen Umsätze eingepflegt werden. Aktives Controlling beleuchtet ständig - die Umsatzstruktur, um möglichst zeitnah Preis-, Kunden- und Produktinformationen gewinnen zu können.

Sonstige (betriebliche) Erträge

Diese Position ist häufig in den Standardformularen sehr weit oben positioniert, teils noch vor dem Rohertrag. Das ist zwar nicht falsch, führt im Zuge der Erfolgsmessung jedoch zu einer Fehleinschätzung des eigentlichen Apothekengeschäfts. Fassen Sie dieses Kerngeschäft besser zum Betriebsergebnis 1 und 2 zusammen und legen Sie eine separate Liste der sonstigen Erträge an, zur Errechnung des sonstigen Ergebnisses. Positionieren Sie bitte zudem die sonstigen Erträge erst nach dem Betriebsergebnis 2.

Beispiel: Sonstige betriebliche Erträge sind Einnahmen, die Sie generieren, da Sie neben dem Umsatz eine weitere Leistung anbieten oder die Einnahme an Ihr operatives Geschäft angelehnt ist. Bei Untervermietung innerhalb der Apotheke an Kosmetikerinnen kann die Miete von diesen eine solche sonstige Einnahme sein. In dieselbe Kategorie können auch Marketingzuschüsse von Handelspartnern für die Apotheke fallen. Entscheiden Sie hier jedoch genau, ob diese Erträge apothekenspezifischen (operativen) oder sonstigen Charakter haben. Wichtig ist generell, dass Sie möglichst jedes Jahr die gleiche Einteilung in „operativ" und „sonstig" machen, sodass Sie konstante Positionen definieren, die immer die gleiche Aussage haben und nur noch wertmäßig abweichen.

Gesamtleistung

Die Gesamtleistung ist eine Zwischensumme, die aus den unterschiedlichen Umsatzarten gebildet wird. Diese Position findet sich nicht in der Gewinn- und Verlustrechnung, weil sie für die Steuerbetrachtung irrelevant ist. Sie ist jedoch für den Apotheker wichtig, weil von diesem Wert die Kosten abgezogen werden. Daher ist sie in der BWA unverzichtbar! Verwenden Sie den Begriff nur, wenn Sie auch tatsächlich verschiedene Umsatzarten in der Apotheke verzeichnen können. Beispiel:

Umsatzerlöse Apotheke

+   Umsatzerlöse Versand

+   <u>Umsatz GH-Funktion</u>

=   **Gesamtleistung**

Werden solche unterschiedlichen Umsatzquellen addiert, entspricht dies der „Gesamtleistung". In einigen BWAs werden innerhalb der Gesamtleistung auch sonstige betriebliche Erträge aufgeführt. Das ist jedoch nicht korrekt. Messen Sie mit der Gesamtleistung nur den von Ihnen zu verantwortenden Umsatz. Erzielen Sie darüber hinaus noch weitere Einnahmen, so ist das positiv für das Ergebnis, sollte aber wie oben erläutert unter „Sonstiges (betriebliches) Ergebnis" erfasst werden.

Rechenbeispiel: Angenommen, dass Sie neben der Hauptapotheke auch eine Versandapotheke betreiben, aber keine weiteren Aktivitäten wie eine GH-Funktion haben. Die Gesamtumsätze im gesamten Jahr betragen 900.000 € und allein im Monat Dezember waren es 95.000 €:

Umsatz Apotheke p. a.	700.000 €
Umsatz Apotheke, Dezember	85.000 €
Umsatz Versandapotheke p. a.	200.000 €
Umsatz Versandapotheke	10.000 €

Darstellung der Gesamtleistung in der BWA für den Monat Dezember:

Dezember

	Lfd. Monat	%	Kum.	%	Vorjahr, kum.	%
Umsatzerlöse	85.000 €		700.000 €		600.000 €	
Umsatz Versand	10.000 €		200.000 €		0 €	
Gesamtleistung	95.000 €	100 %	900.000 €	100 %	600.000 €	100 %

Nach dem Umsatz folgt der Kostenblock, der unmittelbar dem obigen Umsatz zuzuordnen ist, nämlich der Block der Warenkosten. Optimal ist der Effekt, wenn Sie nachfolgend sagen können: „Diese Warenkosten waren notwendig, um diesen Umsatz generieren zu können!"

Wareneinsatz vs. Wareneinkauf

Eine der wichtigsten Fragen in diesem Zusammenhang lautet: Nehme ich für die BWA den Wareneinsatz oder den Wareneinkauf? Und wie kauft man eigentlich richtig ein? Das ist in der Tat eine große Herausforderung. Zunächst wollen wir jedoch den Unterschied zwischen diesen beiden Begriffen klären. Beide sind in den BWAs zu finden.

Wareneinsatz

Multiplizieren Sie die Warenmenge mit dem Wareneinstandspreis, dann erhalten Sie den so genannten Wareneinsatz. Die Zahl sagt aus, was die Ware effektiv gekostet hat, bis sie in Ihrem Hause eingetroffen ist. Rechenbeispiel:

Warenanfangsbestand

+ Warenzugang

− Warenendbestand

= **Wareneinsatzmenge**

× Einstandspreis

= **Wareneinsatz**

Erhaltene Nachlässe von Lieferanten und Kosten des Transports/der Belieferung werden hier berücksichtigt (= Einstandspreis). Darüber hinaus wird die
genaue Menge berücksichtigt, die sich noch in der Apotheke auf Lager befindet und die tatsächlich abverkauft wurde (= Wareneinsatzmenge), indem La-
gerendbestände an den Steuerberater gemeldet und berücksichtigt werden.

Es ist teilweise sehr schwer, den exakten Wareneinsatz pro Monat zu ermitteln, da zum Beispiel Lieferantenboni erst am Jahresende rückwirkend erstattet werden. Auch gibt es häufig große Herausforderungen beim Lesen der
Großhandelsrechnung. Da seitens des Direktlieferanten und des Großhandels
Rabatte gewährt werden, ist in der Apotheke häufig unklar, welches nun der
effektive Einkaufspreis war. Zudem steht der Apotheker hier vor einem orga-
nisatorischen Problem: Beim Erfassen der Einkaufspreise können Fehler passieren und die Software wird mangelhaft bedient. Hier ist es notwendig, dass
Sie von Ihrem Software-Anbieter gut unterstützt werden. Versuchen Sie trotz
der genannten Hürden den Wareneinsatz so genau wie möglich darzustellen.

Ist ein Jahresumsatz-Ziel vereinbart, das dann zu einem Bonus führt, ist es
nicht notwendig, dass bis zur Ausschüttung gewartet wird. Da die BWA Ihr
internes Dokument ist, können Sie den Zielwert jetzt schon dort übernehmen.
Wenn Sie die Zielerreichung etwas pessimistisch sehen, dann setzen Sie 70
Prozent davon an. Teilen Sie Ihrem Steuerberater mit, dass die eingekaufte
Ware von Lieferant X mit einem zusätzlichen Rabatt versehen ist, Sie diesen
aber sicherheitshalber nur mit 70 Prozent des vereinbarten Rabattziels berücksichtigt haben. Am Jahresende können Sie eine Nachkalkulation machen und
die tatsächlichen Werte übernehmen.

Auch falls Sie bei der Erfassung von Einkaufspreisen in der Apotheke vor soft-
waretechnischen Herausforderungen stehen, lösen Sie diese unbedingt so
schnell wie möglich. Es ist elementar, dass der Wareneinsatz zu Ihrem Umsatz
passt. Sie sollten stets in der Lage sein nachzuvollziehen, dass der genannte
Wareneinsatz tatsächlich den obenstehenden Umsatz verursacht hat. Hier gibt
es auf Seiten der Software-Anbieter viel Nachholbedarf. Nehmen Sie diese mit
ins Boot und fordern Sie die Informationen ein, die Sie gerne gewinnen möchten.

 **Merke:** Es passieren leider sehr viele Ungenauigkeiten bei der Darstellung der Warenkosten und -rabatte innerhalb der Apotheken-Softwaresysteme. Eine große Erleichterung sind Fokussierung und Professionalität im Einkaufsprozess. Hierbei helfen vor allem auch so genannte Einkaufsprofis, die Sie bei den Verhandlungen mit den Lieferanten unterstützen. Je einfacher und übersichtlicher die verhandelten Konditionen, desto schneller erfolgt die Nachkontrolle. Abrechnungsfehler können eher gefunden und korrigiert werden. Suchen Sie den regelmäßigen Austausch mit diesen Einkaufsprofis, denn erfahrungsgemäß ändern sich die Einkaufsbedingungen im Markt sehr häufig. Schulen Sie auch Ihre Mitarbeiter, die sich innerhalb der Einkaufskette bewegen. Es muss zu jeder Zeit für alle Beteiligten im Einkaufsprozess klar sein, zu welchen Konditionen, wo, was und in welchen Mengen eingekauft wird. Verhandeln Sie nicht die Konditionen, um sie dann geheim zu halten, sondern stellen Sie sicher, dass das nachfolgende Einkaufsprozedere dadurch bestimmt wird. Es entstehen sehr häufig unnötige Mehrkosten innerhalb der Warenwirtschaft, weil zum Beispiel Mindermengen nicht eingehalten werden, Gebühren anfallen, da telefonisch bestellt oder gar beim falschen Lieferanten bestellt wurde. Hier liegt eine entscheidende Erfolgsquelle! Bitte bleiben Sie hier dran und lassen Sie keine Chance aus, Ihre Warenkosten zu optimieren.

Wareneinkauf

Er ist die Summe der gelieferten Waren, bewertet zunächst zu den aktuellen Listenpreisen. Erhaltene Lieferantennachlässe sowie Transportkosten u. Ä. – sofern aktuell bekannt – werden separat dargestellt. Sollten Sie noch mit einem POR-System[11] arbeiten, wird es Ihnen nicht möglich sein, Warenendbestände zu erfassen und an den Steuerberater zu melden. In diesem Fall sollten Sie die BWA nicht im Sinne der monatlichen Erfolgsbetrachtung nutzen, sondern als eine Gelegenheit sehen, die Betriebskosten zu beobachten. Sie sollten in diesem Fall immer wieder in regelmäßigen Abständen eine Umsatz- und Kosten-

---

[11] Anmerkung d. Autorin: Ich empfehle dringend die Umstellung auf POS. Die Zeiten, in denen Sie ein ganzes Jahr lang warten konnten, wie das Apothekenergebnis tatsächlich ausfällt, sind vorbei!

analyse machen. Immer wieder begegnet in den BWAs die Variante, dass sowohl Wareneinsatz als auch Wareneinkauf implementiert sind:

Wareneinkauf	100.000 €
Bestandsveränderungen	40.000 €
Wareneinsatz	60.000 €

Das ist zwar informativ, aber im Sinne der schnellen Erfolgserfassung unnötig. Was hier zählt, ist der Wareneinsatz, und so sollten Sie sich (bzw. Ihr Steuerberater) auf das Wesentliche konzentrieren.

Bestandsveränderungen

Bestandsveränderungen sollten per Inventur monatlich erfasst werden, sofern Sie technisch dazu in der Lage sind. Gemeint ist hier nicht eine körperliche Erfassung der Warenbestände. Dies geschieht heute per Knopfdruck über die EDV in der Apotheke (intelligente Warenwirtschaftssysteme). Trotz dieser komfortablen Möglichkeit der Ermittlung wird dies erfahrungsgemäß oft nicht gemacht. Daher werden in der BWA die Warenendbestände nicht berücksichtigt.

Warum sind Bestandsveränderungen wichtig?
Bestandsveränderungen im Warenlager können sich unterschiedlich auswirken, sodass Sie nicht immer den „richtigen/gerechten" Erfolgsstatus aus einer BWA ableiten können. Wenn Sie beispielsweise im Januar große Mengen an Waren einkaufen, haben Sie demnach hohe Kosten (Wareneinkauf). Wenn Sie die gleiche Menge im Januar wieder verkaufen, haben Sie den adäquaten Umsatz generiert und die Erfolgsmessung ergibt ein „gerechtes" Ergebnis (= Rohertrag). Wenn Sie allerdings diese Menge nur anteilig verkaufen und Waren (= Vorrat/Lager) in den Februar übernehmen, dann müssen Sie im Februar nur geringere Mengen nachbestellen und erzielen durch weitere Abverkäufe Umsatzerlöse. Daraus ergibt sich, dass Sie im Februar einen geringen Wareneinkauf haben, aber einen überproportional hohen Umsatz. Wenn Sie in der BWA vom Februar nun Umsatz minus Wareneinkauf rechnen, so wirkt Ihr Ergebnis in diesem Monat, als wäre es besser als das im Januar. Dem Umsatz muss daher jeweils der zugrunde liegende Warenwert entgegengestellt werden. Nur so erhalten Sie realistische Werte in der BWA.

Das nachfolgende Beispiel verdeutlicht die Rohertragsentwicklung, wenn Sie im Januar (8.000 €) und Februar (3.000 €) Waren kaufen und die Warenendbestände nicht erfassen.

Beispiel ohne Aufnahme von Bestandsveränderungen:

	Januar	Februar
Umsatz	10.000 €	10.000 €
– Wareneinkauf	8.000 €	3.000 €
Rohertrag	2.000 €	7.000 €

Die Roherträge schwanken, und somit auch die nachfolgenden Zwischensummen innerhalb der BWA sowie das Unternehmensergebnis!

Beispiel mit Aufnahme von Bestandsveränderungen:
Folgende Annahme: Der Warenendbestand im Dezember liegt bei 4.000 €. Sie kaufen im Januar Waren im Wert von 8.000 € ein. Das heißt, insgesamt liegt im Januar ein Warenwert von 12.000 € vor. Aus den Abverkäufen ist zu sehen, dass Sie Waren im Wert von 4.000 € verkauft haben. Folglich haben Sie im Januar einen Wertbestand von 8.000 € im Lager.

Im Februar bekommen Sie ein günstiges Angebot und Sie kaufen erneut für 3.000 € ein. Zusammen mit dem Lagerwert aus dem Januar haben Sie im Februar also einen Lagerwert von 11.000 €. Ihr Abverkauf an Waren im Februar liegt bei 3.000 €.

Wenn Sie monatlich die Inventurbestände erfassen, können Sie in der BWA ein genaueres Monatsergebnis ermitteln. Die Schwankungen entfallen. Dieses stellt sich in unserem Beispiel folgendermaßen dar:

	Januar	Februar
Umsatz	10.000 €	10.000 €
Wareneinkauf	8.000 €	3.000 €
Warenverkauf	4.000 €	3.000 €
Bestandsänderung	–4.000 €	–3.000 €
Rohertrag	6.000 €	7.000 €

Im ersten Fall können Sie die Schwankungen beim Rohertrag erkennen. Im Umkehrschluss bedeutet es auch, dass Sie den Rohertrag stets als die Größe betrachten, die die Fixkosten (Betriebskosten) Ihrer Apotheke decken muss. Dies zeigt Ihnen, wie wichtig die tatsächlichen Warenkosten sind. Nicht nur die richtigen Mengen, sondern auch zu den tatsächlichen Einstandspreisen (Netto-netto-EK).

Rohertrag
Der Rohertrag ist mit die wichtigste Größe innerhalb der BWA. Sie errechnet sich, indem Sie die Warenkosten vom Umsatz subtrahieren:

```
Umsatzerlöse
– Wareneinkauf bzw. Wareneinsatz
= Rohertrag
```

Vom Rohertrag müssen alle weiteren Kosten (= Fixkosten) der Apotheke finanziert werden. Fällt dieser negativ aus, ist dies nicht nur unmittelbar ein Zeichen für die fatale Situation der Apotheke, sondern auch ein wichtiger Hinweis für das Finanzamt. Obwohl die BWA ein internes Dokument für den Apotheker ist, wird das Finanzamt diese überprüfen, wenn Verdacht auf Dumping vorliegt. Als Unternehmer betreiben Sie Ihre Apotheke mit einer so genannten „Gewinnerzielungsabsicht". Das bedeutet, dass Sie bei einem negativen Rohertrag entweder die Waren zu billig verkaufen und/oder zu teuer einkaufen. Ihr Rohertrag wird ebenfalls verfälscht, wenn Sie Waren im Verbund abgeben. Beispielsweise an Filialen oder an Apotheker-Kollegen. In dem Fall geben Sie die Ware ja wahrscheinlich nicht zum regulären Verkaufspreis (inkl. Aufschlag) weiter, sondern vergünstigt. Viele Kollegen reichen in diesem Fall den Einkaufspreis 1:1 weiter. Dies erhöht den Wareneinsatz, der Umsatz dazu ist jedoch unterproportional. Stellen Sie in solchen Fällen sicher, dass diese Verbundkäufe in einem separaten Kontenkreis erfasst sind.

Betriebskosten
Die Betriebskosten werden anschließend in der BWA als absoluter €-Wert angegeben, sowie mit einer Prozentangabe: Der Umsatz entspricht 100 Prozent, die Kosten für den Betrieb der Apotheke werden dann mit dem entsprechenden Prozentanteil angegeben. Verkaufen Sie immer wieder sehr hochpreisige Medikamente, haben Sie auch einen hohen Umsatz. In dem Fall erscheinen

im Verhältnis dazu zum Beispiel Personalkosten gering. Erzielen Sie im nächsten Monat diesen hohen Umsatz nicht, steigt demgegenüber der prozentuale Satz der Personalkosten wieder. Haben Sie aufgrund der Umsatzeinbußen mehr Stunden gearbeitet? Höhere Gehälter ausgeschüttet? Überlegen Sie, ob die traditionelle Angabe der Prozentwerte – orientiert am Umsatz – für Sie sinnvoll ist oder ob nicht vielmehr diese Prozentangabe analog zum Rohertrag angegeben werden sollte. Dies funktioniert jedoch nur dann, wenn zuvor der Wareneinsatz und nicht der Wareneinkauf erfasst worden ist.

Tipp: Stellen Sie die Betriebskosten ins Verhältnis zum Rohertrag anstatt zum Umsatz. Rohertrag = 100 %
Wie hoch fallen jeweilige Kostenblöcke dazu im Verhältnis aus?

Aufschlag

Der Aufschlag wird häufig direkt neben dem Rohertrag in der BWA angegeben. Die Zahl sagt aus, wie viel der Rohertrag prozentual vom Wareneinsatz ausmacht. Beispiel:

Aufschlag in %

WE	=	100 %
Rohertrag	=	? %

Umsatz		100 €
WE		−70 €
= Rohertrag	30 €	Aufschlag: 42,86 %

Durch den Einkauf der Artikel kennen Sie zwar den EK, noch nicht automatisch aber Ihren VK (zumindest im Non-Rx-Bereich). Um diesen zu errechnen, können Sie den Mittelwert aus den kumulierten Aufschlägen aus Ihren BWAs über das letzte Geschäftsjahr hinweg heranziehen. Diesen durchschnittlichen Aufschlag addieren Sie zu Ihrem Wareneinstandspreis hinzu und erhalten so den Netto-VK. Beispiel:

70 € (EK), multipliziert mit 42,86 Prozent (Aufschlag) = 30,00 €
70 € + 30 € = 100 € (VK)

Berücksichtigen Sie bei dieser Rechnung, dass Sie hieraus noch nicht die Information erhalten, ob Sie mit dem Umsatz von 100 € Ihre gesamten Kosten decken konnten. Das war lediglich der Verkaufspreis, den Sie Ihren Kunden angeboten haben. Wenn Sie sich bei dieser Preisgestaltung zum Beispiel an einem Wettbewerber orientiert haben, kann es sein, dass dieser seinerseits ein „Kampfpreis" war und bei Ihnen nun zur Kostenunterdeckung geführt hat. Daher sollten Sie sich stets Ihrer eigenen Preiskalkulation bedienen. Weitere Details zur Preiskalkulation lesen Sie in Kapitel 3.

Sonstige betriebliche Erträge

Erzielen Sie neben dem Umsatz weitere Erträge, so ist jetzt wichtig zu unterscheiden, ob es sich um Erträge mit sonstigem oder betriebsbedingtem Charakter handelt. Als rein betriebsbedingt ist definitiv der Umsatz Ihrer Kunden zu klassifizieren, den wir bereits erfasst haben. Wie könnte die nächste Stufe der betrieblichen Einnahmen aussehen? Allein an dieser Frage können Sie sehen, dass es Ihre persönliche Entscheidung ist, was Sie hierunter subsumieren. Beispielsweise fallen in diese Einnahmen-Kategorie die Zahlungen einer Versicherung nach einem Schadensfall, Einnahmen aus geschäftlichen Beteiligungen, Mieteinnahmen durch Fremdvermietung innerhalb Ihrer Apotheke oder anderswo, Lieferantenzuschüsse und u. U. auch die Rückerstattungen der Krankenkassen durch die nachträgliche Abschlagskorrektur. Jeder Unternehmer wird diese Frage individuell beantworten und einteilen. Wichtig ist die Kontinuität über die Jahre hinweg, sodass Sie stets die gleichen Werte miteinander vergleichen können.

Betriebsergebnis 1

Addieren Sie zum Rohertrag die sonstigen betrieblichen Erträge; dann haben Sie den Wert, der Ihnen zur Kostendeckung in diesem Monat zur Verfügung steht. Rechenbeispiel:

Umsatzerlöse

− Wareneinsatz

= Rohertrag

+ Sonstige betriebliche Erträge

= Betriebsergebnis 1

Weitere betriebliche Kosten

Nachdem die Warenkosten bereits aufgenommen wurden, listen Sie hier alle weiteren betrieblichen Kosten auf, die in der Apotheke entstanden sind: Personal-, Beratungs-, PKW-, Raumkosten etc.

Die Betriebskosten werden auch zusammenfassend „Fixkosten" genannt. Sie fallen auch dann an, wenn Sie keinen Umsatz generieren. Somit unterscheiden Sie sich vom Wareneinsatz (= variable Kosten). Wareneinsatz kann nur im Zuge von Abverkauf, also Umsatz, entstehen. Je mehr Wareneinsatz Sie haben, umso mehr Umsatz haben Sie generiert. Daher ist dieser Faktor variabel und als positiv zu interpretieren – auch wenn vielleicht der Begriff „positiv" im Zusammenhang mit Kosten zunächst gewöhnungsbedürftig ist. Hier kommt es nur auf die richtige Preisgestaltung und gute Einkaufskonditionen an. Ist hingegen der Kostenblock Betriebskosten hoch, so muss auf jeden Fall der Rohertrag bzw. das Betriebsergebnis 1 ausreichen, um diese Kosten zu decken. Aus diesem Grund werden Fixkosten auch als „kritisch" bezeichnet.

Tipp: Erfassen Sie unter den Betriebskosten nur Kosten, für die Sie auch Rechnungsbelege haben, also keine kalkulatorischen Kosten.

Wichtig ist, dass Sie aus dem Block „Betriebskosten" keine seitenlange Auflistung machen. Fassen Sie kleinere Positionen zusammen. Gerade die Personalkosten sollten in einer Zeile zusammengefasst sein und nicht separat in Gehalt, Schulungen, Jobtickets, Sozialabgaben etc. gesplittet werden.

Zwölfteln Sie bestimmte Betriebskosten in der BWA!

Sie haben in der BWA entweder die Möglichkeit, die Kosten auf die Monate zu buchen, in denen Sie anfallen, oder sie vereinfacht zu zwölfteln. Die verursachungsgerechte Buchführung halte ich an der Stelle nicht für notwendig, solange Sie einen so genannten Liquiditätsplan erstellen. Hier kommt es entscheidend darauf an, wann Gelder fließen, wohingegen in der BWA der Erfolg gemessen wird. Wenn Sie also im November das 13. Gehalt an die Mitarbeiter ausbezahlen, so ist das für Ihre Liquidität von großer Bedeutung. Für die Erfolgsmessung in der Apotheke gilt es jedoch zu bedenken, dass die Mitarbeiter das ganze Jahr in der Apotheke arbeiten und der vertraglich vereinbarte Lohn somit ganzjährig zu sehen ist. Es ist daher empfehlenswert, die gesamten Personalkosten (Jahreswert) zu zwölfteln. Machen Sie darüber hinaus in regelmäßigen Abständen eine Personalkostenanalyse und versuchen Sie Optimierungen zu finden. Dies geschieht nicht im Rahmen der monatlichen Erfolgsbetrachtung in der BWA.

Die Zwölftelung der Jahreswerte innerhalb Ihrer Kosten können Sie auch auf alle anderen Positionen innerhalb der Betriebskosten anwenden. So zahlen Sie möglicherweise die Versicherungen quartalsweise, aber sie dienen Ihnen dennoch ganzjährig. Bei der monatlichen Erfolgsbetrachtung spielt das eine Rolle, und nicht erst bei Fälligkeit der Zahlung. Bitten Sie daher Ihren Steuerberater, die Jahreswerte nach Monaten aufzuteilen. Dies betrifft alle unregelmäßig anfallende Kosten.

Abschreibungen gehören unbedingt mit in die BWA!

Abschreibungen werden häufig gar nicht erst in eine BWA aufgenommen, weil es sich um fiktive Werte handelt. Sie spiegeln zwar Wertverluste wider, verursachen aber keinen unmittelbaren Geldabfluss. Da in einer BWA oftmals nur die tatsächlich anfallenden Kosten abgebildet werden, bleiben Abschreibungen unberücksichtigt. Es ist zwar richtig, dass bei Abschreibungen kein Geld abfließt, dennoch sollten sie wie ein echter Kostenblock behandelt werden, denn sie müssen ja über den Umsatz erwirtschaftet werden. Nur so werden Sie in der Lage sein, bei Ausfällen oder Verschleiß Reinvestitionen zu tätigen. Bei der Preiskalkulation werden die durchschnittlichen Kosten als Aufschlag zum EK addiert. Werden Abschreibungen in der BWA außen vorgelassen, können diese Beträge im Aufschlag nicht berücksichtigt werden. Die Folge ist ein zu niedrig angesetzter VK. Wenn Investitionen anfallen, müssen diese aufgrund dessen dann aus dem Privatkapital bestritten werden.

Gesamtkosten als einzelne Zeile aufnehmen!

Nehmen Sie unter den aufgelisteten Betriebskosten zusätzlich die Summe aller Kosten wie oben dargestellt auf (= Gesamtkosten). Gerade bei der Betrachtung des prozentualen Anteils am Gesamterfolg ist dies eine effiziente Größe und ermöglicht einen schnellen Überblick.

Betriebsergebnis 2

Subtrahieren Sie nun vom Betriebsergebnis 1 die Betriebskosten. Das Ergebnis spiegelt den Erfolg der reinen Apothekentätigkeit wider. Es ist Ihr eigentliches operatives Ergebnis und ein sehr wichtiger Wert für Ihre Apotheke.

Das Betriebsergebnis 2 wird auch als „Ergebnis der gewöhnlichen Geschäftstätigkeit" bezeichnet. Man geht davon aus, dass bis zum jetzigen Punkt alles Apothekenspezifische berücksichtigt wurde. Sinnvoll ist hier ebenfalls die Bezeichnung „operatives Geschäft" oder „Kerngeschäft", solange die sonstigen Kosten und Erträge nachfolgend aufgelistet werden und nicht innerhalb der Betriebskosten bzw. Gesamtleistung stehen. Legen Sie sich diese wichtige Kennzahl zur Messung des operativen Erfolgs in Ihrer Apotheke an. Stellen Sie dabei sicher, dass das Betriebsergebnis 2 wirklich nur die eigentlichen Einnahmen und Ausgaben der Apotheke beinhaltet, und alles, was „sonstigen Charakter" hat, erst danach dargestellt wird.

	Umsatzerlöse
−	Wareneinsatz
=	Rohertrag
+	Sonstige betriebliche Erträge
=	Betriebsergebnis 1
−	Betriebskosten (hier zusammengefasst)
=	Betriebsergebnis 2

Sonstiges Ergebnis

Die Position „Sonstiges Ergebnis" ist die Differenz aus „sonstigen Erträgen" und „sonstigen Kosten". In der Position „Sonstige Kosten" können Sie kleinere Ausgaben zusammenfassen. Sie wird gern genutzt, um Zeit zu sparen. Bitte beachten Sie, dass es sich hier wirklich nur um viele kleine unterschiedliche Posten handelt. Beispiele für sonstige Kosten sind etwa Spenden, Beiträge für Mitgliedschaften, Reinigungsmittel, sonstige Dienstleistungen

(Hausmeister etc.) etc. Überprüfen Sie halbjährlich, was hinter diesen Positionen verbucht wurde. Alles soll den so genannten sonstigen Charakter haben. Es gibt auch kleinere Ausgaben, die zwar klein sind, aber dennoch betrieblichen Charakter haben, wie zum Beispiel Porto. Diese sind bei sonstigen betrieblichen Kosten zu erfassen.

„Sonstige Kosten" als Kostenfalle?

Ein Fall aus der Praxis: Ein Steuerberater hatte seine Beratungskosten in die Position „Sonstige Kosten" mit aufgenommen und diese dadurch nicht sofort sichtbar gemacht. Der Apotheker hatte sich nicht detailliert mit seiner BWA auseinandergesetzt, und so war für ihn nicht erkennbar, dass über Jahre hinweg unbemerkt die Kosten für den Steuerberater angehoben wurden. Das ist natürlich inakzeptabel. Das Beispiel zeigt, dass diese Position in der BWA erfahrungsgemäß oftmals einfach „überflogen" wird und weniger Aufmerksamkeit erfährt als zum Beispiel die Kostenblöcke Warenkosten oder Personalkosten. Für umfassende Transparenz lohnt sich gerade auch ein Blick auf die kleineren Details und die Trennung von eigentlichem Apothekengeschäft und sonstigem Geschäft. Ziel sollte es sein, dass Sie mit dem Betriebsergebnis die Apothekenleistung messen.

Umsatzerlöse	
− Wareneinsatz	
=	Rohertrag
+	Sonstige betriebliche Erträge
=	Betriebsergebnis 1
−	Betriebskosten (hier zusammengefasst)
=	Betriebsergebnis 2
+/−	Sonstiges Ergebnis

Bedenken Sie stets: Die BWA ist Ihr internes Instrument zur Messung des Erfolgs. Sie bestimmen, wie die Reihenfolge ist und was Sie detailliert oder zusammengefasst dargestellt haben möchten!

Finanzergebnis

Das Finanzergebnis ergibt sich, wenn man die Zinsaufwendungen von den Zinserträgen subtrahiert. Es werden hierbei sowohl die Zinsen, die Sie auf Guthaben (= Zinserträge) erhalten, als auch Zinsen, die Sie für Kredite zahlen müssen (= Zinsaufwendungen), berücksichtigt. Bitte beachten Sie, dass es sich hier ausschließlich um Zinsen handelt, die im Zusammenhang mit der Apotheke stehen. Die BWA zeigt nicht die Finanzsituation des Apothekers als Privatperson an.

Die richtige Position für das Finanzergebnis in der BWA liegt außerhalb des Betriebsergebnisses, genauer gesagt nach dem „sonstigen Ergebnis":

> Umsatzerlöse
> – Wareneinsatz
> ________________________
> = Rohertrag
> + Sonstige betriebliche Erträge
> ________________________
> = Betriebsergebnis 1
> – Betriebskosten (hier zusammengefasst)
> ________________________
> = Betriebsergebnis 2
> +/– Sonstiges Ergebnis
> +/– Finanzergebnis

Ergebnis/ Ertrag vor Steuer

Diese Position wird häufig „Ergebnis der gewöhnlichen Geschäftstätigkeit" genannt. Diese Bezeichnung ist etwas verwirrend, da sie suggeriert, nahe an der betrieblichen Tätigkeit ausgerichtet zu sein. Verwechseln Sie sie keinesfalls mit dem Betriebsergebnis 1 oder 2. Weiterhin wurden sowohl das „Sonstige Ergebnis" als auch das Finanzergebnis erfasst. Daher hat das Ergebnis vor Steuer nichts mehr mit der gewöhnlichen Tätigkeit direkt zu tun, sondern umfasst alle angefallenen Kosten:

> Umsatzerlöse
> – Wareneinsatz
> ________________________
> =   Rohertrag
> +   Sonstige betriebliche Erträge
> ________________________
> =   Betriebsergebnis 1
> –   Betriebskosten (hier zusammengefasst)
> ________________________
> =   Betriebsergebnis 2
> +/– Sonstiges Ergebnis
> +/– Finanzergebnis
> ________________________
> =   Ergebnis vor Steuer (vorläufig)

Leider enden viele BWAs an dieser Stelle. Manchmal folgen noch einige Kennzahlen, aber die Erfolgsmessung im eigentlichen Sinne wird oft mit dieser Position beendet. Da die effektive Steuerzahlung erst am Jahresende im Zuge des Jahresabschlusses ermittelt wird, wird der Begriff „Ergebnis nach Steuer" unterjährig nicht dargestellt. Mit dem Ergebnis vor Steuer lässt sich jedoch nicht der Erfolg der Apotheke messen. Das ist historisch bedingt: Zu Zeiten, als es den Apotheken wirtschaftlich besser ging als heute, war es ausreichend, das Ergebnis nur bis zu diesem Punkt zu messen. Entnahm sich der Inhaber daraus seinen „Lohn", blieb immer noch genug übrig, um zum Beispiel Darlehen tilgen zu können oder Reinvestitionen zu tätigen.

Unter moderner Unternehmensführung in der Apotheke ist nicht der persönliche Erfolg des Inhabers zu messen, sondern der der Apotheke. Daher muss die BWA noch weiter gehen, indem das Ergebnis betrachtet wird, nachdem Steuern gezahlt sind und sich der Inhaber seinen (kalkulatorischen) Lohn ausgeschüttet hat. Dann erst ist das tatsächliche Unternehmensergebnis zu sehen.

Einkommenssteuer

Der Apothekeninhaber gilt rechtlich und steuerlich als Einzelunternehmer, der Zusammenschluss von mindestens zwei Partnern als eine Personengesellschaft. Der erzielte Gewinn (= Ergebnis vor Steuer) wird mit dem persönlichen Einkommenssteuersatz des Apothekeninhabers versteuert. Diesen Steuersatz nennt Ihnen Ihr Steuerberater. Wer in welcher Form der Steuerpflicht unterliegt, ist im Einkommenssteuergesetzt § 1 ff. geregelt. Wenn bestimmte Wertgrenzen erreicht werden, müssen Sie quartalsweise die Einkommenssteuer im Voraus zahlen. Dieser Quartalswert wird gedrittelt in die monatliche BWA aufgenommen.

Umsatzerlöse

  − Wareneinsatz

= Rohertrag

+ Sonstige betriebliche Erträge

= Betriebsergebnis 1

− Betriebskosten (hier zusammengefasst)

= Betriebsergebnis 2

+/− Sonstiges Ergebnis

+/− Finanzergebnis

= Ergebnis vor Steuer (vorläufig)

− Einkommenssteuer (Quartalsvorauszahlung als ein gedrittelter Wert)

Umgang mit der Einkommenssteuer

Was wann bezahlt werden muss, spielt innerhalb der Liquiditätsplanung eine Rolle. Erfassen Sie die Einkommenssteuer monatlich, so haben Sie stets den aktuellen realen Erfolgswert für Ihre Apotheke, zumindest annähernd. Ansonsten wirkt unter Umständen das Unternehmensergebnis während des Jahres erfreulich, am Jahresende kommt jedoch die Ernüchterung, denn nach Abzug der Steuern bleibt weniger übrig als angenommen. Dieser Effekt entfällt, wenn Sie sich Monat für Monat daran gewöhnen, dass das Ergebnis nach Steuer tatsächlich geringer ist. Dies kann so auch bei der Privatentnahme berücksichtigt werden. Sie werden durch dieses Vorgehen stärker sensibilisiert, wie hoch das eigentliche Ergebnis wirklich ist.

Wenn Ihr Apothekenergebnis für das laufende Jahr dem Ergebnis des Vorjahres ähnelt, kann der Steuerwert vom Vorjahr gezwölftelt und monatlich aufgenommen werden. Eine weitere Möglichkeit ist, den prognostizierten Gewinn zu nehmen, den Sie innerhalb Ihrer strategischen Planung ermittelt haben, und Ihr Steuerberater nennt Ihnen dann den voraussichtlichen Steuersatz dafür. Spätestens bei der Quartalsvorauszahlung kennen Sie den angenommenen Wert und können diesen auf den Monat umrechnen. Auf diese Weise erhalten Sie die beiden finalen Unternehmenszahlen: Ergebnis nach Steuer und, noch wichtiger, das Unternehmensergebnis.

Ergebnis nach Steuer

Der tatsächliche Apothekenerfolg stellt sich im Unternehmensergebnis dar. Um dieses zu erhalten, muss zunächst das Ergebnis nach Steuer errechnet

werden. Dies ist lediglich ein Zwischenschritt in der Berechnung des finalen
Ergebnisses:

Umsatzerlöse

−Wareneinsatz

=   Rohertrag

+   Sonstige betriebliche Erträge

=   Betriebsergebnis 1

−   Betriebskosten (hier zusammengefasst)

=   Betriebsergebnis 2

+/− Sonstiges Ergebnis

+/− Finanzergebnis

=   Ergebnis vor Steuer (vorläufig)

−   Einkommenssteuer (Quartalsvorauszahlung als ein gedrittelter Wert)

= Ergebnis nach Steuer (vorläufig)

Kalkulatorischer Unternehmerlohn

Die Rechtsform der Apotheken bringt es mit sich, dass der Inhaber nicht angestellt ist und somit sein Gehalt nicht als Kostenblock gewinnmindernd aufgeführt wird. Der Apotheker bezieht seinen Lohn aus dem Ergebnis nach
Steuer. Anders verhält es sich bei Kapitalgesellschaften, bei denen die Vor-
stände bzw. Geschäftsführer angestellt sind und die Gehälter über die Personalkosten abgebildet werden. Eine inhabergeführte Apotheke hat daher auch
auf den ersten Blick verhältnismäßig niedrige Personalkosten. Schon eine Fi-
lialapotheke, in der der Filialleiter angestellt ist, weist höhere Personalkosten
auf, bei angenommenen ähnlichen Rahmenbedingungen.

Wenn wir nach dem Erfolg der Apotheke fragen, dann muss unterstellt
sein, dass der Inhaber wie ein Manager aus seinem Geschäft, der Apotheke,
ein regelmäßiges Gehalt bekommt. Das ist der so genannte „kalkulatorische
Unternehmerlohn". Dieser sollte durch das positive Ergebnis der Apotheke
gesichert sein.

Außerdem ist der kalkulatorische Unternehmerlohn auch im Zuge einer
Apothekenbewertung wichtig. Daher sollten Sie hier eine klare Vorstellung
haben. Falls ein gewünschtes Gehalt im Laufe der Apothekentätigkeit nicht
erwirtschaftet werden kann, so liegt Ihnen ein klares Indiz vor, wie es um die
Wirtschaftlichkeit Ihres Unternehmens bestellt ist. Dies sollten Sie bewusst

100

wahrnehmen und ggf. Konsequenzen ableiten. Bitte warten Sie nicht das Jahresergebnis ab, um sich dann mit dem zufrieden zu geben, was zufällig übriggeblieben ist.

Wie hoch soll der kalkulatorische Unternehmerlohn sein?
Die Höhe des Unternehmerlohns spielt in zweierlei Hinsicht eine Rolle: Sie benötigen sie einerseits für die Preiskalkulation, andererseits wird sie bei der Apothekenbewertung im Zuge eines Kaufs/Verkaufs mit einfließen. Die Preiskalkulation wird in Kapitel 3 nochmals im Detail behandelt und auch mit verschiedenen Gehaltsalternativen verknüpft.

Eine Apothekenbewertung wird in der Regel durch Berater und Gutachter vorgenommen und die Bandbreiten sind enorm. Pauschal lässt sich also diese Frage nicht beantworten. Je nachdem, in welcher Region/Lage sich Ihre Apotheke befindet (Gehaltsgefälle) und/oder wie Ihre Erfahrung und Qualifikation ist. Ebenfalls ist hier von Bedeutung, wie viele Stunden Sie pro Woche arbeiten (Voll- oder Teilzeit). Sie können sich fragen: Welches Jahresgehalt bekämen Sie, wenn Sie sich anderweitig auf eine Stelle bewerben würden, die Ihrer Qualifikation entspricht?

Es gibt für Einzelhändler formal definierte Ansätze, nach denen sich die Höhe der „Bezüge eines Angestellten einer gleichartigen Unternehmung in vergleichbarer Tätigkeit" bemisst. Der Apotheker besitzt allerdings bei seiner Berufsausübung und aufgrund des vorgeschriebenen Hochschulstudiums mit der anschließenden praktischen Ausbildung eine Sonderstellung unter allen Einzelhandelsunternehmen. Daher sind Vergleiche hier schwer zu ziehen.

Bitte bedenken Sie, dass es bei der Berechnung Ihres Lohns stets um den Bruttowert geht, von dem dann noch die Abgaben für Versorgungswerk und Sozialversicherungen geleistet werden müssen. Folgende Parameter helfen Ihnen bei der adäquaten Einschätzung:

- Fragen Sie sich, was das Minimum ist, für das Sie bereit sind, das Risiko des Unternehmertums und den teilweise immensen Zeitaufwand für den Betrieb und Erhalt des eigenen Geschäfts auf sich zu nehmen. Gehen Sie bei dieser Betrachtung auch Ihre individuelle Finanzsituation durch und berechnen Sie Ihre Ausgaben für gesetzliche Absicherung und weitere notwendige Ausgaben. Der Mindestwert sollte Ihre notwendigen privaten Ausgaben decken. Wären Sie zum Beispiel anderswo in der Pharmabranche angestellt, so müsste Ihr Gehalt auch zur Deckung der privaten Ausgaben ausreichen. Gelänge es Ihnen in einem Angestellten-verhältnis nicht, die privaten Ausgaben zu decken, dann wäre die Frage, ob Ihr Gehalt zu niedrig verhandelt worden ist und/oder die Privatausgaben zu hoch sind. Versuchen Sie den gleichen fairen Ansatz für sich als Apothekeninhaber zu finden.

Legen Sie zunächst die unterste Grenze fest, bei der Sie sich noch bereit erklären, das unternehmerische Risiko zu tragen und alle weiteren Aspekte des Unternehmertums anzunehmen. Annahme: Als angestellter Approbierter (mind. 6 Jahre Berufserfahrung) liegt Ihr Jahresgehalt bei ca. 56.000 €, bei einer Stunden-Woche. Bei diesem Brutto-Gehalt trägt jedoch der Arbeitgeber die Sozialleistungen hälftig! Als Inhaber der Apotheke werden Sie mehr als 40 Stunden pro Woche investieren, dessen sollten Sie sich bewusst sein – zu Beginn jedenfalls.

Rechnen Sie den angegebenen Lohn entsprechend Ihrer Stundenzahl hoch. Bei einer 50-Stunden-Woche kämen Sie dann auf ein Jahresgehalt von 70.000 €. Bei einer angestellten Führungskraft ist zusätzlich davon auszugehen, dass weitere Leistungen mit einem geldwerten Vorteil anfallen (Nutzung Pkw–1-Prozent-Regelung; Telefon etc.). Addieren Sie dies sowie die Höhe für Ihre Sozialabsicherung dazu. Damit kommen Sie auf den Mindestwert, den Sie für sich selbst erwirtschaften sollten.

- Genauso sollten Sie sich einen erstrebenswerten Zielwert als obere Grenze setzen, den Sie als Unternehmer für angemessen halten und realistisch erreichen können. Auch das ist individuell sehr unterschiedlich. Wenn man sich die Betriebsergebnisse im Jahr 2019 anschaut, so haben laut Treuhand Hannover die Apotheken 5,6 % (Westen) und 6 % (Osten) ihres Umsatzes erzielt. Bei 2,6 Mio. € sind es jeweils 145.600 € bzw. 156.000 €. Vor Steuer! Diese Werte beinhalten noch nicht die zu zahlenden Steuern sowie keine kalkulatorischen Kosten. Bei einem Bruttogehalt als Angestellter müssten Sie jedoch ebenfalls noch die Lohnsteuer zahlen, sowie am Jahresende Ihre Einkommenssteuer. Daher können Sie die Werte ungefähr vergleichen. Der wichtigste Unterschied besteht darin, dass Sie als Selbständiger die soziale Absicherung vollständig selbst tragen, wohingegen für einen Angestellten der Arbeitgeber die Hälfte (bis zur Beitragsbemessungsgrenze) der Sozialabgaben bezahlt. Welche Zielgröße für einen kalkulatorischen Unternehmerlohn halten Sie für erstrebenswert?

Tipp: Die Höhe der **Privatentnahmen** muss nicht mit der Höhe des kalkulatorischen Unternehmerlohns einhergehen. Ein Manager kann zum Beispiel ein hohes Gehalt beziehen, aber sehr bescheiden leben und monatlich wesentlich weniger benötigen, als ihm Gehalt überwiesen wird.

Betrachten Sie sich wie einen angestellten Manager und die Apotheke als ein Unternehmen, das erst dann erfolgreich ist, wenn das Management vergütet worden ist. Sie wollen den echten Erfolg der Apotheke darstellen und daher sollten Sie Ihre Leistung adäquat bemessen. Ein junger Gründer hätte auch im Markt ein niedrigeres Gehalt als ein erfahrener Manager. Kombinieren Sie diese gewonnenen Erkenntnisse zu einem angemessenen Betrag. Diesen Wert zwölfteln Sie und übernehmen Sie in die monatliche BWA. Erst wenn Sie Ihren kalkulatorischen Unternehmerlohn einfließen lassen, können Sie von einem echten Unternehmensergebnis sprechen.

Unternehmensergebnis
Die Vergütung des Apothekeninhabers wird vom Ergebnis nach Steuer abgezogen. Nur wenn die Apotheke auch einen Gewinn nach Steuer erwirtschaftet hat, kann der Inhaber eine private Entnahme tätigen. Natürlich könnte er eine solche Entnahme auch machen, wenn er einen Verlust erwirtschaftet hat, allerdings müssen in diesem Fall noch genügend eingebrachtes Kapital und liquide Mittel vorhanden sein. Wie bereits geschildert, ist es einzig und allein der Rechtsform zu verdanken, dass Sie sich kein Gehalt ausbezahlen können, das dann unter den Personalkosten erfasst wird und sich gewinnmindernd auswirkt. Nur in der BWA haben Sie diese Möglichkeit zu messen, wie viel vom Ergebnis übrigbleibt, nachdem Sie sich Ihr faires Gehalt angesetzt haben. Dieser Endbetrag bildet das so genannte Unternehmensergebnis und zeigt den finalen Erfolg der Apotheke:

Nachfolgend sehen Sie eine Empfehlung, wie eine BWA gestaltet sein sollte. Wie bereits beschrieben, können Sie Erweiterungen oder Einschränkungen selbst vornehmen.

BWA Mandant ...
Monat: Januar xx

	Jan.	%	Vorjahr	%	Kumul. xx	%	Planwert xx	%	Abweichung
Umsatzerlöse									
– Wareneinsatz									
= Rohertrag (Aufschlag)									
+ Sonst. betriebl. Erträge									
= Betriebsergebnis 1									
– Personalkosten									
– Raumkosten									
– Marketing									
– Abschreibungen									
– Sonst. betriebl. Kosten									
= Betriebsergebnis 2									
+/– Sonstiges Ergebnis									
+/– Finanzergebnis									
= Ergebnis vor Steuer (vorl.)									
– Einkommensteuer									
= Ergebnis nach Steuer (vorl.)									
– kalk. Unternehmerlohn									
= Unternehmensergebnis									
Verfügungsbetrag									

Verfügungsbetrag

Der ausgewiesene Gewinn ist leider nicht gleichzeitig der Betrag, der dem Selbständigen für das Privatleben „zur Verfügung" steht. Aufgrund der Gesellschaftsform berücksichtigen Sie bitte weiterhin, dass vom Ergebnis nach Steuer noch der Solidaritätszuschlag, Krankenkassenbeitrag, Versorgungswerkbeitrag etc. zu bezahlen sind. Je nach privater Situation sind zum Beispiel noch Kirchensteuern relevant. Denken Sie weiterhin daran, dass die Abschreibungsbeträge nicht abgeflossen sind und diese daher noch zur Verfügung stehen. AfA-Werte sind zum Ergebnis dazu zu addieren. Wenn Sie zusätzlich monatliche Tilgung leisten, subtrahieren Sie diese wiederum. Der Verfügungsbetrag ist zu vergleichen mit dem Nettogehalt eines Angestellten (vor Tilgung). Beispiel für das Jahr 2023 (grobe Annäherung ohne AfA und Tilgung):

Ergebnis vor GewSt	**150.000,00 €**		**100.000,00 €**		**80.000,00 €**
./. GewSt (Hebesatz 420%)	*18.448,50 €*		*11.098,50 €*		*8.156,00 €*
Ergebnis nach GewSt	131.551,50 €		88.901,50 €		71.844,00 €
./. Einkommensteuer und Soli	46.405,23 €	35,28%	24.250,23 €	27,28%	15.596,06 € 21,71%
+ GewSt-Anrechnung (§ 35 EStG)	16.691,50 €	12,69%	10.041,50 €	11,30%	7.379,24 € 10,27%
./. Apotheker-Versorgung, KV	25.468,00 €	19,36%	25.468,00 €	28,65%	24.948,00 € 34,73%
Verfügungsbetrag	76.369,77 €	58,05%	49.224,77 €	55,37%	38.679,18 € 53,84%

Tab.: Verfügungsbetrag in drei Varianten

Je nach Höhe des zu versteuernden Einkommens, Familienstand, Freibeträge oder auch weiterer Sonderbelastungen, kann die Berechnung von Person zu Person abweichen. Wichtig ist die Idee der Kennzahl: Nicht der ausgewiesene Gewinn zählt, sondern der Betrag, der nach den monatlichen Verpflichtungen noch zur Verfügung steht.

Neuer Ansatz bei der Berechnung des Verfügungsbetrages
Die oben beschriebene Berechnung entspricht der branchenspezifischen Vorgehensweise. Ich empfehle zusätzlich die Berechnung des Verfügungsbetrags anhand des Cashflows. Somit hätten Sie bei der oben dargestellten Berechnung in der ersten Zeile den Cashflow. Einen Wert, der das Ergebnis um die Abschreibungen und um alle weiteren Werte, die nicht zahlungsrelevant waren, korrigiert.

Überlegen Sie separat, ob die AfA-Werte wirklich zur freien Verfügung stehen. Sobald damit getilgt wird oder für Reinvestitionen angespart werden, können sie nicht mehr berücksichtigt werden. Sofern sie doch verwendet werden, muss der Zeitraum der freien Verwendung genau bekannt sein.

Hier ein Beispiel für eine sehr gängige BWA, wie sie in der Praxis vorkommt:

Bezeichnung	Monat, lfd.	Summe, %	Kumul., lfd.	Summe, %	Kumul. VJ
Warenverkauf					
Umsatzerlöse	146.270,64	71,47	708.684,06	65,996	36.324,35
Umsatzerlöse	57.903,79	28,29	363.132,46	33,82	85.592,02
Sonstige betriebliche Erträge	478,67	0,23	2.048,52	0,19	2.530,58
Gesamtleistung	204.653,10	100,00	1.073.865,04	100,00	724.446,95
Wareneinkauf					
Wareneinkauf	172.341,83	84,21	876.122,10	81,59	553.606,32
Erhaltene Skonti/Boni/ Nachlässe	−1.136,40	− 0,56	− 6.304,17	− 0,59	− 4.526,05
Summe Wareneinkauf	171.205,43	83,66	869.817,93	81,00	549.080,27
Rohertrag	32.969,00	16,11	201.998,59	18,81	172.836,10
Aufschlagsermittlung in %	19,54		23,46		31,94
Kosten					
Personalaufwand	15.241,97	...			
Raumkosten	2.212,51	...			
Versicherungen/Beiträge/Abgaben	891,06				
Fahrzeugkosten	134,37				
Werbe- und Reisekosten	2.485,08				
Kosten der Warenabgabe	1.488,86				
Instandhaltung	0,00				
Porto/ Telefon	216,36				
Bürobedarf	293,52				
Rechts- und Beratungskosten	4.271,97				
Sonstige betriebliche Kosten	2.186,27				
Summe Kosten	29.421,97				
Betriebsergebnis	4.025,70				
Finanzen					
Zinsen und ähnliche Erträge	0,00				
Zinsen u. ä. Aufwendungen	0,00				
Finanzergebnis	0,00				
Steuern					
Steuern vom Einkommen/Ertrag	331,00				
Summe Steuern	331,00				
Unternehmensergebnis	3694,70				

Dieses Beispiel betont nur die Struktur. In einer „echten" BWA sind natürlich alle Felder ausgefüllt und weitere Seite mit Detailinformationen folgen. Ziel soll es jedoch sein, dass Sie innerhalb einer Seite alles Wesentliche erkennen und nicht viel blättern müssen.

Die Optik der abgebildeten BWA wurde verändert, jedoch nicht die Inhalte und Struktur. Daher konzentrieren Sie sich bitte ebenfalls auf dies. Die frühere DATEV-Struktur-BWA ohne jedwede individuelle Anpassung ist in den letzten Jahren modernisiert worden und kann heute ebenfalls sehr gut in der Praxis genutzt werden.

Was ist gut an dieser BWA?

- Wesentliches ist auf einer Seite zusammengefasst.
- Zeitverläufe und kumulierte Werte vorhanden.
- Prozentangaben dienen als Ergänzung.

Was ist nicht gut an dieser BWA?

- Zu viele Umsatz-Zeilen, eine reicht.
- Sonstige betriebliche Erträge sind nach dem Rohertrag zu erfassen.
- „Gesamtleistung" (Begriff) überflüssig, da nur eine Umsatzquelle
- Warenkosten in zu vielen Positionen, eine Zeile reicht (Wareneinsatz).
- Bei den Kosten nicht ausreichend nach operativen und sonstigen Kosten getrennt.
- Sonstige Kosten nicht ausgelagert ¨ gehören zum sonstigen Ergebnis hinter Betriebsergebnis.
- Werbe- und Reisekosten zusammengefasst ¨ sind zu trennen nach Marketing und sonstigen Kosten. Reisekosten sind nicht Marketing!
- Finanzergebnis zu umfangreich, eine Zeile reicht.
- Sonstiges Ergebnis nicht separat.
- Ergebnis vor Steuer (vorläufig) fehlt.
- Steuerüberschrift unnötig.
- Kalkulatorische Kosten fehlen.
- „Echtes" Unternehmensergebnis fehlt (Ergebnis nach Steuer – kalkulatorischer Unternehmerlohn).
- Verfügungsbetrag fehlt.

Es hängt viel von der intelligenten Einrichtung der Positionen ab, damit die Auswertungen möglichst aussagestark werden. Diese stehen nicht unverrückbar fest, sondern können individuell eingerichtet werden. Um die Aussagekraft zu erhöhen, sollten Sie auf der Kostenseite um möglichst „sprechende", das heißt klar definierte und unmittelbar einsichtige Konten bemüht sein. Sammelsurien – wie zum Beispiel „Werbe-/Reisekosten" – helfen nicht weiter. Sie sollten stets aufgeschlüsselt werden.

Darüber hinaus ist es aber absolut empfehlenswert, die Position „Sonstige betriebliche Kosten" aufzunehmen, um kleinere Ausgaben zusammenzufassen und die Übersichtlichkeit sicherzustellen.

Ertrag nach Steuer als Messgröße

Die bereits in Kapitel 2.3 dargestellte Rentabilität baut auf dem Gewinn nach Steuer auf. Für Apotheken ist entscheidend, dass der kalkulatorische Unternehmerlohn in dieser Berechnung nicht berücksichtigt wurde. Der tatsächliche, echte Gewinn ist um diese Größe niedriger. Daher sollten Sie berechnen, wie rentabel das tatsächliche Endergebnis ist. Die „ehrlichste" Darstellung Ihrer Rentabilität ist die Gesamtkapitalrentabilität (GKR) Ertrag nach Steuer (inkl. des kalkulatorischen Unternehmerlohns).

Beispiel:

Annahme Höhe kalk. U'lohn:	50.000 €				
Gesamtkapital = EK + FK =	300.000 €	+	500.000 €	=	800.000 €
Gewinn nach Steuer:	60.000 €				
Unternehmensergebnis:	60.000 €	–	50.000 €	=	10.000 €

Berechnung GKR (unternehmensergebnisbasiert):

$10.000 \div 800.000 \times 100 = 1{,}25\ \%\ \text{GKR}$

Was sagen diese Werte aus?

Diese Kapitalrentabilität fällt zwar in unserem Beispiel positiv aus, aber ist sie hoch genug? Wie viel Zinsen würde man auf dem Kapitalmarkt für das angelegte Kapital erzielen können? Sind 50.000 € ein angemessen hohes Gehalt?

Wenn Sie sich als Eigentümer diese Fragen stellen, bringt es nichts, die reinen Gewinn-Werte zu nehmen. Betrachten Sie die realistisch berechneten 1,25 % GKR, also den Gewinn inkl. aller angefallenen Kosten. Sie betrachten dadurch die Rentabilität der Unternehmung Apotheke samt ihres Geschäftsführers. Des Weiteren soll hier nur die rein wirtschaftliche Frage erörtert werden. Welche privaten Beweggründe Sie haben, eine Apotheke zu betreiben, ist nochmals separat zu beleuchten.

Fazit

Die BWA ist ein internes Dokument zur Darstellung des monatlichen Erfolgs für den Leiter einer Apotheke; es ist nicht für das Finanzamt. Das heißt, die gesamte Gestaltung dieses Dokuments sollte nach IHREN Wünschen erfolgen, und nicht nach den Standards der Steuerberater.

Überprüfen Sie, ob in Ihrer BWA alle relevanten Einnahmen und Ausgaben erfasst werden, vor allem, ob Bestandsveränderungen, Abschreibungen und der kalkulatorische Unternehmerlohn sowie Steuern erfasst wurden. Stellen Sie sicher, dass das Dokument nicht überladen ist mit Informationen, die Sie nicht unmittelbar zur monatlichen Erfolgsmessung benötigen.

Es ist möglich, die monatliche BWA auf einer DIN-A4-Seite zusammenzufassen. So können Sie auf einen Blick den Erfolg der Apotheke erkennen. Für alles Weitere benötigen Sie separate Kontrollmechanismen, wie zum Beispiel eine Kennzahlentabelle, einen Liquiditätsplan oder einen Rolling Forecast. Die Folgeseiten der BWA können in aller Ausführlichkeit alle einzelnen Angaben der ersten Seite ergänzen (= Kontenblätter). In der Praxis fällt mir auf, dass die meisten BWAs schlichtweg falsch sind. Ich komme sogar auf eine Quote von 94 %. Dies ergibt sich aus Stichproben in Apotheken mit der Frage, doch bitte den EK eines beliebigen Produktes zu nennen. Im System befanden sich in 94 % aller Fälle ein Wert, der am Ende nicht der effektive Einkaufspreis war. Der Grund ist, dass bei der Warenerfassung der Wert und Rabatt von der Rechnung übernommen wird. Wenn aber Skonti und andere Veränderungen eintreten, wird es nicht mehr nachkorrigiert.

Dies ergibt einen falschen Wareneinsatz, der dann über die Meldung der Warenendbestände an den Steuerberater auch falsch in der BWA erscheint. In den meisten Fällen ist es schwer oder sogar unmöglich, monatlich den tatsächlichen Warenwert zu ermitteln.

Wenn es auch Ihnen nicht gelingt, so stellt sich die Frage, wie wichtig es Ihnen ist und wie viel Aufwand Sie betreiben möchten, um an diesen Wert zu kommen. Dies geht mit Umstellungen beim Großhandel einher und dies ist meistens das Ende der Bemühungen. Fest steht jedoch, dass wenn Ihr Wareneinsatz ungenau ist, so ist es der Rest Ihrer BWA auch und somit erübrigt sich die monatliche Detailbetrachtung. Sparen Sie stattdessen Zeit ein und betrachten nur halbjährig oder quartalsweise die Zwischenergebnisse. Arbeiten Sie nicht mit Prämien für Mitarbeiter, die an diese Kennzahlen gekoppelt sind und sparen Sie Geld beim Steuerberater ein, indem der Bericht nicht mehr monatlich kommen muss. Gehen Sie einfach bewusster damit um.

Literaturempfehlung hier: Führungsstrategien für die Apotheke: Leistung belohnen – Verantwortung teilen (Govi): ISBN: 978-3774113381.

Merke: Die BWA soll Spaß machen und muss Ihnen schnell und auf einen Blick den Erfolg der Apotheke darstellen!

Aggregieren Sie die notwendigen Informationen und erfassen Sie alle benötigten Zwischenergebnisse wie Rohertrag, Betriebsergebnis, Ergebnis vor und nach Steuern sowie das Unternehmensergebnis, dann ist es möglich, alles auf einer Seite darzustellen. Damit wird die „Unlust", sich mit ewig langen Dokumenten zu beschäftigen, entfallen und das Durchreichen der BWA vom Steuerberater direkt hin zur Ablage sollte der Vergangenheit angehören.

2.6 Die Bilanz

Am Ende eines Geschäftsjahres haben Kaufleute einen Jahresabschluss vorzunehmen. Gegenstand der Jahresabschlussrechnung ist neben der Gewinn- und Verlustrechnung die Darstellung der Vermögenslage, d. h. der Größe und Zusammensetzung von Vermögen und Kapital, in der so genannten Bilanz oder Vermögensaufstellung. Es empfiehlt sich auch für Nichtkaufleute, neben ihrer Einnahmen-Ausgaben-Rechnung ebenfalls eine solche Vermögensdarstellung aufzustellen.

Was „besitzt" die Apotheke?
Während Sie in der Gewinn- und Verlustrechnung den Erfolg Ihrer Apotheke darstellen, zeigen Sie in der Bilanz Ihren Besitz auf. Dieser ist hier nicht im juristischen Sinne gemeint, sondern im weiteren Sinne als Ihr „Hab und Gut". Schulden „besitzen" Sie in der Regel ebenfalls, darum sind diese auch in der Bilanz zu finden.

Schon bei der Gewinn- und Verlustrechnung haben Sie den Unterschied zwischen den Begrifflichkeiten „Gewinn- und Verlustrechnung" und „Einnahmen-Ausgaben-Rechnung" bzw. „Einnahmen-Überschuss-Rechnung" kennengelernt. Sind Sie aufgrund Ihrer Gewinngröße bilanzierungspflichtig, so sind Sie verpflichtet, im Zuge des Jahresabschlusses eine Gewinn- und Verlustrechnung zu erstellen. Dieselbe Herangehensweise gilt bei der Bilanz. Sind Sie nicht bilanzierungspflichtig, so sprechen Sie bei diesem Dokument von der „Vermögensaufstellung".

Die Bilanz ist eine statische Betrachtungsweise zum Geschäftsjahresende, wohingegen die Gewinn- und Verlustrechnung eine dynamische Betrachtung ist. Dynamisch, weil die laufenden Aufwendungen und Erträge über das ganze Jahr hinweg gesammelt werden. Die Bilanz bzw. Vermögensaufstellung gilt als statisch, weil sie eine Werteerfassung zu einem bestimmten Datum (Stichtag) aufzeigt.

Unterscheiden Sie bitte stets das Privatvermögen vom Apothekenvermögen. Beim Jahresabschluss betrachten Sie ausschließlich die Vermögenswerte der Apotheke. Dabei kann es durchaus vorkommen, dass gewisses Vermögen auch privat vom Inhaber genutzt wird, zum Beispiel ein Auto. Oder die Apotheke befindet sich im Privathaus des Inhabers. Hierbei muss streng zwischen privat und geschäftlich getrennt werden. Beim Auto weisen Sie die privaten

Fahrten mit einem Fahrtenbuch nach, im Fall des Hauses lassen sich die Quadratmeter der Apotheke zuordnen und somit als Geschäftsvermögen darstellen.

Merke: Unter einer Bilanz versteht man die Gegenüberstellung von Vermögen (= Aktiva) und Kapital (= Passiva) der Apotheke zum Bilanzstichtag. Die Bilanz zeigt das Vermögen der Apotheke zum Geschäftsjahresende auf und stellt dessen Finanzierung dar!

Aktiva

Die Aktiva zeigt das Vermögen, geordnet nach der Schnelligkeit, mit der es verfügbar gemacht werden kann (= Liquidierbarkeit). Alles, was den Wert der Apotheke bestimmt, wird hier aufgeführt. Wenn also bei der Inventur erfasst wird, was alles vorhanden ist, werden diese Werte in die Aktiva übertragen.

Bilanz

Aktiva	Passiva
Vermögenswerte Was haben wir zum Stichtag? **Mittelverwendung** Wofür haben wir unser investiertes Kapital eingesetzt?	Wird später vertieft

Summe Aktiva

> **Tipp: Kreditwürdig durch hohe Sicherheiten!**
> Sicherheiten sind im Anlagevermögen zu finden. Sie können nur das Vermögen als Anlagevermögen deklarieren, das Ihnen auch gehört. Das ist dann der Fall, wenn Sie es durch Ihr Eigen- oder Fremdkapital finanziert haben. Schaffen Sie sich Betriebsvermögen an, indem Sie es geleast bzw. gemietet haben, können Sie es zwar nutzen, aber nicht in der Bilanz als Vermögen ausweisen! Die hier anfallenden Miet- und Leasingkosten werden in der GuV abgebildet.

Detaillierte Betrachtung der Aktiva

Aktiva	Passiva
A. Anlagevermögen	
Immaterielle Vermögensgegenstände	
Sachanlagen	Wird später vertieft
Finanzanlagen / Beteiligungen	
B. Umlaufvermögen	
Vorräte	
Forderungen	
Wertpapiere	
Flüssige Mittel/Bank/ Kasse	
C. Aktive Rechnungsabgrenzungsposten	

Die Aktiva drücken aus, in welche Vermögensgegenstände das Kapital einer Apotheke investiert wurde. Dabei unterteilt man in Anlagevermögen und Umlaufvermögen.

Anlagevermögen
Das Anlagevermögen umfasst diejenigen Werte, die dazu bestimmt sind, dauernd bzw. längerfristig dem Geschäftsbetrieb der Apotheke zu dienen. Innerhalb dieser Kategorie wird noch weiter differenziert:

- Immaterielles Anlagevermögen: entgeltlich erworbene Rechte der Apotheke, die für längere Zeit genutzt werden können. Hierzu zählen zum Beispiel Patente, Lizenzen oder Konzessionen. Interessant ist hier vor allem auch der Firmenwert. Der Firmenwert steht nur dann in der Bilanz, wenn Sie die Apotheke gekauft haben (also nicht bei Gründung). Er ist die Differenz zwischen Bilanzsumme und tatsächlichem Kaufpreis, wenn dieser höher als die Bilanzsumme war. Er ist i. d. R. der imaginäre Mehrwert, der sich aufgrund von Image, Kundenstamm und ähnlichen attraktiven Aspekten ergibt. Der Firmenwert wird abgeschrieben.

- Materielles Anlagevermögen (Sachanlagen): Dazu gehören vor allem Grundstücke, Gebäude, technische Anlagen und Laborgeräte, Betriebs- und Geschäftsausstattung (u. a. Mobiliar, Computer) oder Firmenfahrzeuge. Im Anlagespiegel sehen Sie detailliert, wie sich diese Investitionen zusammensetzen und wie hoch die jeweiligen Restbuchwerte sind (mit der jeweiligen Abschreibungsmethode). Durch die Abschreibungen verliert Ihr Vermögen stets an Wert. Neue Investitionen erhöhen es wieder.

- Finanzanlagen/Beteiligungen: Das sind zum Beispiel Genossenschaftsanteile oder langfristig angelegte Gelder, zum Beispiel Bundesschatzbriefe, die der Apotheke als Sicherheit dienen. Die gebundenen Geldanlagen sollten länger als ein Jahr angelegt sein, da sie sonst als Wertpapiere im Umlaufvermögen richtig zugeordnet wären.

Umlaufvermögen
Das Umlaufvermögen umfasst diejenigen Vermögensgegenstände, die nicht dazu bestimmt sind, dauerhaft der Apotheke zu dienen. Es handelt sich dabei um Vermögensgegenstände, die einzeln veräußerbar und bewertbar sind:

- Vorräte/Waren: Im Zuge der Inventur erfassen Sie alle Ihre Waren am Lager wie auch alle Waren im HV-Bereich, Keller oder auch Labor. Dazu gehören Handelswaren, Roh-, Hilfs- und Betriebsstoffe sowie unfertige und fertige Erzeugnisse. Das sind Ihre Vorräte. Warenwirtschaftssysteme, die die Warenbestände elektronisch ermitteln, sind monatlich für die permanente Inventur notwendig. Für die Bilanz ist der Stichtagswert relevant.

- Forderungen aus Lieferungen und Leistungen: Diese entstehen dann, wenn Sie eine Leistung (zum Beispiel Belieferung an ein Altersheim) erbracht und die Rechnung mit einem Zahlungsziel von 14 Tagen oder einem anderen Zeitraum ausgestellt haben. Zahlungsziel bedeutet in diesem Zusammenhang die später anfallende Zahlung zu einem neuen Datum. Der größte Anteil an Forderungen in der Apotheke ist jedoch die Abrechnung mit der GKV. Sie bekommen die Rx-Abrechnung in der Regel erst im Folgemonat, d. h., vom Zeitpunkt der Übergabe des Arzneimittels an den Kunden an bis hin zur Zahlung im Folgemonat durch die GKV ist eine Forderung vorhanden.

- Wertpapiere: Da sich diese Position innerhalb des Umlaufvermögens befindet, handelt es sich hier um Geldanlagen, die kurzfristig (kürzer als 1 Jahr) angelegt sind, zum Beispiel Aktien oder Tagesgeld.

- Flüssige Mittel, Bank, Kasse: Hier fassen Sie die Kontostände aller Geschäftskonten zusammen, sowie die Barbestände in der Apotheke zum Stichtag. Flüssige Mittel halten die Zahlungsbereitschaft der Apotheke aufrecht. Es handelt sich dabei um mehr oder weniger sofort verfügbare Gelder wie Schecks, Kassenbestand oder Bankguthaben.

Exkurs (Vorräte/Waren): Lieferfähigkeit

Die Höhe Ihres Vorrats wird gerne mit Lagerkennzahlen in Verbindung gebracht. An dieser Stelle ein paar Worte zum Thema Lieferfähigkeit:

Die Lieferfähigkeit ist ein wichtiges Instrument zur Kundenbindung. Einerseits sollten Sie sich alles aufs Lager legen, was der Kunde wünscht, andererseits ist es wichtig, clever einzukaufen, um Einkaufsvorteile zu generieren. Das heißt im gleichen Zuge, dass viele kleinere Mengen in der Regel zu schlechteren Konditionen eingekauft werden und somit am Ende zu höheren Warekosten führen. Finden Sie einen goldenen Mittelweg! Gerade im Arzneimittelbereich erwarten die Kunden, dass Sie die Ware vorrätig haben. Es geht um die Befriedigung dieses Grundbedürfnisses beim Kunden. Wenn Sie gewisse Artikel nicht auf Lager haben, ist es sehr wichtig, wie Sie dem Kunden mitteilen, dass die Ware bestellt werden muss und ob sie nachgeliefert werden kann. Hier können entscheidende Unterschiede bei der Kundenzufriedenheit entstehen.

Je nach Standort können Sie es sich eventuell nicht leisten, Ware nicht vorrätig zu haben, so dass Kunden gleich zum Wettbewerber gehen. Ein weiteres Risiko liegt bei Rabattverträgen mit Krankenkassen. Hier kann eine Veränderung verursachen, dass Sie Ware nicht mehr bevorzugt abgeben können. Ihre Lieferfähigkeit überprüfen Sie, indem Sie messen, wie häufig Kunden ein bestimmtes Produkt nachfragen und wie häufig Sie diesen Wunsch direkt bedienen können. Im verschreibungspflichtigen Bereich sollte dieser Wert über 85 Prozent (oder 0,85) liegen. Das heißt: 85 Prozent dieser Anfragen konnten Sie direkt bedienen.

Im gleichen Zuge wird beim Vorrat die so genannte Kapitalbindung betrachtet: Sie können das Geld, das Sie in den Vorrat investiert haben, nicht anderweitig anlegen oder für weitere Investitionen verwenden. Da das derzeitige Zinsniveau so niedrig ist, können Sie diese Größe zunächst vernachlässigen. Berücksichtigen Sie aber: Die Kosten der Nachlieferung über einen Botendienst sind vielfach höher. Angenommen, dass die Kosten pro Arzneimittel bei 4 € pro Botengang liegen, können Sie bereits hochrechnen, wie viel Gewinn übrigbleibt. Hier lohnt sich also eine größere Vorratshaltung.

Seien Sie daher sehr sensibel und hinterfragen Sie, in welchem Fall Sie nicht lieferfähig waren (Ursachen der Defekte). Wurde etwas zum ersten Mal angefragt, war es tatsächlich nicht vorrätig, war vielleicht nur die Dosierung nicht in gewünschter Menge vorhanden, haben sich die Rabattverträge geändert und das Verschreibungsvorgehen der Ärzte, macht ein Wettbewerber mit etwas Angebote und der Kunde verwechselt Sie mit ihm oder ist es eine bewusste Entscheidung, besondere Artikel tatsächlich erst dann zu bestellen, wenn sie nachgefragt werden?

Die ABDA schreibt in Ihrem Wirtschaftsbericht 2023, dass mehr als die Hälfte der Wirkstoffe der in Europa zugelassenen Fertigarzneimittel aus Asien kommen, darunter 41 Prozent aus Indien und 13 Prozent aus China. Die weit entfernten Produktionsstätten, Transportwege, Konditionsbedingungen geregelt durch die Krankenkassen und diverse Hype-Effekte sind die Ursachen für die immer noch andauernden Lieferschwierigkeiten. Die massiven Lieferengpässe der vergangenen Monate haben Apotheken in unangenehme Situationen gebracht.

Zum Umgang mit Lieferengpässen möchte ich auf Empfehlungen der Firma Konzept-A GmbH[12] zurückgreifen. Die Experten raten dazu, …

- die "eisernen Bestände" bzw. Mindestabstände anzupassen, um früher eine Bestellung auszulösen,
- Einzelimporte zu etablieren sowie
- die erleichterten Abgaberegeln (Corona-Ausnahmeregeln, ALBVVG[13]) auszunutzen und in stetige Regeln überzuführen. Zum Beispiel: Zuzahlung bei Teilmengenabgabe, erweiterte Austauschmöglichkeiten bei Nichtverfügbarkeit.

Weiterhin beobachten die Einkaufsprofis folgende Fehler in der Praxis:

- Wenn Artikel lieferbar sind, wird dann nur der Monatsbedarf/kleine Mengen eingekauft (Resultat aus häufig geäußerten Wünschen der Inhaber, die Lager „klein" zu halten, um nicht viel Kapital zu binden.
- Achtung: Änderung der Rabattpartner (vor allem bei großen Krankenkassen) werden nicht oder nicht ausreichend beachtet
- Es wird nicht auf die Zeichen der Warenwirtschaft geachtet (Ampelsystem/Pfeile: welches Arzneimittel hat die meisten Überschneidungen mit den Rabattverträgen der Krankenkassen)
- Die Lagerbreite ist zu groß und Lagertiefe dafür zu klein
- Man hat zu viele Lieferanten --> pharmazeutischen Großhandel (GH), Hersteller usw.

---

[12] https://www.konzept-a.de/
[13] Arzneimittel-Lieferengpassbekämpfungs- und Versorgungsverbesserungsgesetz vom 27.07.2023

Daher geben uns diese erfahrenen Berater folgende Tipps mit auf den Weg:

- BfArM Liste im Blick haben https://anwendungen.pharmnet-bund.de/ lieferengpassmeldungen/faces/public/meldungen.xhtml?p=30274: 2:609130577714::NO:::
- Genaue Bedarfsanalyse an Jahreszeit und Region (zum Beispiel Oktoberfest = Katerset) orientieren
- Auslaufende Rabattverträge großer Krankenkassen im Blick behalten (Unterstützung in der Warenwirtschaft)
- Außergewöhnliche Bestellfenster beachten --> GH bucht individuell zu speziellen Zeiten neue Bestände zu. Wer dann bestellt, der erhält die Ware.
- Einkauf optimieren: GH (Nachlieferungen aufnehmen --> GH-Portal), Hersteller und Portale (Pharmamall)
- Reduzierung der Lieferanten unter Beachtung der Konditionen (lohnt sich der Direkteinkauf?)
- Bessere Kommunikation im Team --> pharmazeutisches Personal legt Alternativen zu fehlenden Warensortiment/ Wirkstoffen fest (erweiterte Austauschmöglichkeiten) und kaufmännisches Personal stellt Angebote zusammen.

An dieser Stelle ein herzliches Dankeschön an die Experten nach Hausen!

Exkurs (Forderungen): Was passiert, wenn ein Kunde Ihre Rechnung nicht zahlt?

Sie verkaufen fleißig und dabei erhalten Sie nicht immer den vollen Gegenwert direkt vom Kunden. Der Rest ist offen, Forderungen entstehen. Zunächst schreiben Sie sich alle Umsatzerlöse in die Gewinn- und Verlustrechnung, sobald Sie geleistet haben, d. h., sobald Sie ein Produkt oder eine Dienstleistung verkauft haben. Dies erhöht Ihre Erträge und im Endeffekt auch den Gewinn. Dadurch fällt auch Ihre Steuerlast höher aus. Entscheidend ist hier, dass Sie sich den Umsatz bereits dann in die „Bücher" schreiben, wenn Sie die Leistung erbracht haben, und nicht erst dann, wenn der Kunde diese auch wirklich gezahlt hat. Im Extremfall kann es also vorkommen, dass Sie bereits Ihre Steuer auf den erwirtschafteten Gewinn abführen, das Geld des Kunden aber noch gar nicht auf Ihrem Girokonto ist.

Ist eine Forderung uneinbringlich, so können Sie diese in Form einer Sonderabschreibung steuerlich geltend machen und als „Schaden" gewinnmindernd darstellen. Dies bedeutet nicht, dass Sie den Rechnungsbetrag erstattet bekommen, aber der Gewinn wird um diesen Wert geschmälert und die Steuerlast fällt dadurch nicht ganz so hoch aus, als wenn Sie diesen Schaden nicht angegeben hätten. Im gleichen Zuge wird Ihre Forderung in der Bilanz angepasst. Der Umsatz bleibt unberührt.

Tipp beim Apothekenkauf:
Ein hoher Umsatz macht auf den ersten Blick einen guten Eindruck. Stellen Sie sicher, dass dieser auch eingenommen wurde bzw. fragen Sie nach, wie viel davon Forderungsausfall war.

Und noch etwas Volksmund-BWL:
„Ich gehöre hier schon zum Inventar" – damit bezeichnen sich oft Mitarbeiter, die eine lange Betriebszugehörigkeit vorweisen können. Doch kennen Sie den Unterschied zwischen Inventur und Inventar? Und kann man Mitarbeiter inventarisieren?

Die Inventur ist die Tätigkeit der Werterfassung und das Inventar (fließt in die Bilanz ein) ist die Liste der Werte, also das Ergebnis der Inventur. Wenn Sie also gebeten werden, das Inventar zu überreichen, dann beginnen Sie nicht die Laboreinrichtung zu verschieben, sondern zeigen das Ergebnis der Inventur. ☺

Und nein, Mitarbeiter mögen zwar schon lange dabei sein, sind aber lediglich als Personalkosten zu erfassen. Wir sagen, dass die Mitarbeiter das „wichtigste Kapital" darstellen und das ist auch richtig. Nur ist dies im übertragenen Sinne gemeint und nicht buchhalterisch.

Merke: Warum das Ergebnis der BWA/GuV nicht mit dem Kontostand übereinstimmt
Dafür gibt es mehrere Gründe: Im Zusammenhang mit Forderungen sollte Ihnen stets klar sein, dass mit der Entstehung der Forderung auch Umsatzerlöse in die BWA / GuV geschrieben werden. Umsatzerlöse erhöhen Ihren Gewinn, aber auf dem Girokonto findet sich nicht der entsprechende Gegenwert. Der ist erst dann gebucht, wenn der Kunde bezahlt hat und die Forderung erloschen ist. Es ist betriebswirtschaftlich nicht zu erwarten, dass der Kontostand mit Ihrer BWA/GuV übereinstimmt. Das ist auch kein sinnvolles oder erstrebenswertes Ziel.

Aktive Rechnungsabgrenzungsposten
Der Jahresabschluss soll „periodengenau", das heißt genau für das jeweilige Geschäftsjahr, die Lage der Apotheke darstellen. Wenn aber über den Jahresabschluss hinweg Leistungen erfolgen, die aber abrechnungstechnisch nicht im gleichen Jahr erfasst werden, muss „abgegrenzt" werden. Typische Beispiele sind (Jahresabschluss soll hier zum 31.12. sein):

- Zahlung der Januarmiete am 29.12.
- Zahlung der Versicherung für das kommende Jahr am 29.12.

Der Abfluss des Geldes erfolgt am 29.12., inhaltlich gehören diese Aufwendungen aber in das folgende Geschäftsjahr.

Die Rechnungsabgrenzungsposten gibt es sowohl auf der Passiva- als auch auf der Aktiva-Seite. So können Sie sich diese Position merken: Auf der

Aktiva-Seite befinden sich Forderungen, und so haben auch die aktiven Rechnungsabgrenzungsposten einen Forderungscharakter. Wenn Sie im Dezember bereits eine Zahlung erbracht haben, dann fordern Sie die Miet- oder Versicherungsleistung ein, und somit ist es ein aktiver Rechnungsabgrenzungsposten.

Aktiva	Passiva
A. Anlagevermögen	
Immaterielle Vermögensgegenstände	
Sachanlagen	Wird später vertieft
Finanzanlagen / Beteiligungen	
B. Umlaufvermögen	
Vorräte	
Forderungen	
Wertpapiere	
Flüssige Mittel/Bank, Kasse	
C. Aktive Rechnungsabgrenzungsposten	

Das dargestellte Vermögen auf der Aktiva-Seite in der Bilanz wird nach der Liquidierbarkeit aufgelistet. Die am schwersten zu liquidierenden – also zu Geld zu machenden – Vermögensteile stehen in der Bilanz oben (in den Aktiva) (Bsp.: Grundstücke). Je „geldnäher, flüssiger" ein Vermögensteil ist, umso weiter unten wird er im Gliederungsschema aufgeführt, bis hin zu den flüssigen Mitteln (Kassenbestand, Girokonten etc.).

Passiva

Wie dargestellt, zeigt die Aktiva, wie sich Ihr Apothekenvermögen zum Geschäftsjahresende zusammensetzt (= Mittelverwendung). Die Passiva sagt nun aus, wie dieses Vermögen finanziert worden ist (= Mittelherkunft). Wo liegen die Quellen Ihres Kapitals?

Aktiva	**Passiva**
Vermögenswerte	Kapitalstruktur (Eigen- und Fremdkapital)
	Woher stammt das Kapital?
	Wer hat uns das Kapital gegeben?
	„Mittelherkunft"

Summe Aktiva = Summe Passiva

Die Passiva-Seite weist die Herkunft des Kapitals eines Unternehmens aus, d. h., es werden das in die Apotheke geflossene Kapital und seine Quellen sichtbar gemacht. Konkret sehen Sie also hier, mit welchen Mitteln die Werte auf der Aktiva-Seite angeschafft wurden. Die Passiva bilden die Finanzierungsseite der Firma und beginnen mit der Darstellung der Kapitalzusammensetzung noch vor der Tätigkeit der Apotheke (= Eröffnungsbilanz). Die Werte der Passiva „arbeiten" nicht, sondern stellen dar, aus wie viel Eigen- und Fremdkapital sich das Unternehmensvermögen zusammensetzt. In der Bilanz wird es in der Regel in Eigenkapital, Rücklagen, Jahresüberschuss, Rückstellungen, Fremdkapital und passive Rechnungsabgrenzungsposten gegliedert.

> **Tipp: Was genau ist Kapital?**
> Umsatzerlöse sind zwar Gelder, die Sie aus dem Apothekenbetrieb von Ihren Kunden einnehmen, diese sind aber nicht mit „Kapital" gleichzusetzen. Umsatzerlöse stehen als Erträge in der Gewinn- und Verlustrechnung. Kapital muss dagegen erst eingebracht werden, damit Sie überhaupt in die Lage kommen, Umsatz machen zu können.

Detaillierte Betrachtung der Passiva

Aktiva	Passiva
Vermögen	**A. Eigenkapital**
	Anfangskapital/Eingebrachtes Kapita
	Privat-Einlagen/-
	Entnahmen
	Rücklagen
	Jahresüberschuss/Jahresfehlbetrag
	B. Rückstellungen
	C. Fremdkapital/ Verbindlichkeiten
	Finanzverbindlichkeiten
	Verbindlichkeiten aus Lieferungen und Leistungen
	D. Passive Rechnungsabgrenzungsposten

Eigenkapital

- **Eigenkapital**: Mit dem Begriff Eigenkapital werden alle Mittel, die der Eigentümer bzw. die Partner in die Apotheke eingebracht haben, zusammengefasst.
- **Anfangskapital**: Das Anfangskapital, auch „eingebrachtes Kapital" genannt, ist das im eigentlichen Sinne eingebrachte Kapital des Apothekeneigentümers.
- **(Privat-)Einlagen/(-)Entnahmen**: Mit Einlagen/Entnahmen erfolgt eine unterjährige Veränderung des Anfangskapitals, vorgenommen durch den Eigentümer. Die klassischen Privatentnahmen dienen zur Finanzierung der Lebenshaltungskosten des Inhabers, da er sich aufgrund der Rechtsform kein Gehalt ausbezahlen darf, sondern wie oben dargestellt vom Gewinn lebt.

Rücklagen

Rücklagen sind Kapital, das als Sicherheit dienen soll. Aus der Gesellschaftsform der Apotheke ergibt sich jedoch automatisch, dass der Eigentümer der Apotheke im Falle einer Insolvenz privat voll haftet. Dennoch weisen viele Apotheker diese Position in der Bilanz aus, weil es sich hier um speziell der Apotheke zugeordnete Sicherheiten handelt. Bei einem Kreditantrag fragt beispielsweise die Bank nach Sicherheiten; hier wirken sich gebildete Rücklagen positiv aus. Diese können natürlich nur dann gebildet werden, wenn vom Gewinn nach Steuer etwas übrigbleibt, das kalkulatorische Apothekergehalt abgezogen wurde sowie Tilgung und weitere Verpflichtungen bedient wurden.

Jahresüberschuss/Jahresfehlbetrag

Das Ergebnis nach Steuer aus der Gewinn- und Verlustrechnung fließt in Ihr Eigenkapital ein. Diese Position verbindet Ihre GuV mit der Bilanz. Daher fällt in diesem Zusammenhang auch oft der Begriff Bilanzgewinn. Ein Gewinn erhöht, ein Verlust mindert Ihr Eigenkapital. Übertrag des Ergebnisses aus der Gewinn- und Verlustrechnung ins Eigenkapital:

! Merke: Kalkulatorischer Unternehmerlohn ist nicht gleich Privatentnahme!

● Zur Erfolgsermittlung wird wie bereits erläutert der kalkulatorische Unternehmerlohn in die BWA aufgenommen. Der monatliche Finanzbedarf des Inhabers ist jedoch völlig separat zu betrachten. Je nach Lage (anstehender Urlaub, Tilgung etc.) wird er mehr oder weniger aus dem Unternehmensvermögen entnehmen (= Privatentnahme). Zu beachten ist, dass nicht mehr entnommen wird, als am Ende des Geschäftsjahres Gewinn vorhanden ist. Das scheint zunächst banal, doch die Insolvenzfälle der letzten Jahre haben gezeigt, dass die steigenden Umsätze in der Apotheke sich zunächst motivierend auf die Höhe der Entnahme ausgewirkt haben. Leider sind aber die Kosten überproportional dazu gestiegen, sodass zwar gemäß Umsatz ein höherer absoluter €-Wert zur Verfügung stand, aber der Gewinn verhältnismäßig kleiner ausgefallen ist. Wenn die Privatentnahme diesen Bedingungen nicht angepasst wird, kommt man in diese Notlage. Auch in diesem Zusammenhang ist also eine vorausschauende Planung des Apothekengewinns und der liquiden Mittel wichtig.

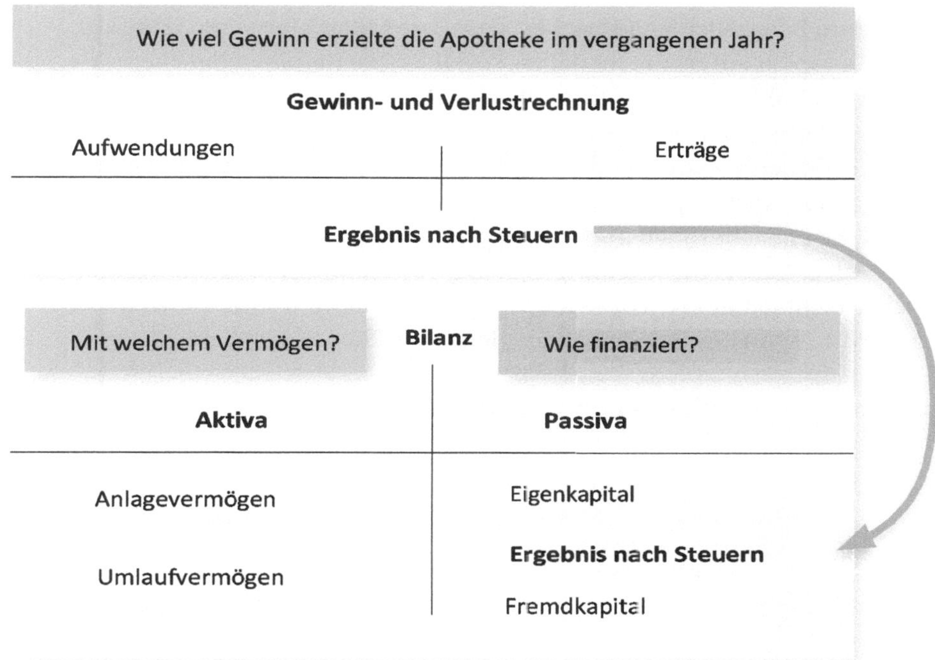

Rückstellungen

Rückstellungen sind zwischen Eigen- und Fremdkapital positioniert, da sie weder eindeutig dem Eigen- noch dem Fremdkapital zuzuordnen sind. Sie sind Verpflichtungen der Apotheke, die am Bilanzstichtag bestehen. Solange ihre Fälligkeit nicht eingetreten ist, sind Rückstellungen wie Eigenkapital zu betrachten. In dem Augenblick, in dem die Fälligkeit eintritt, werden sie zu einer Schuld, die es zu begleichen gilt. Sie unterscheiden sich von den Verbindlichkeiten, indem sie sowohl der Höhe als auch ihrer Fälligkeit nach ungewiss sind und ggf. sogar unklar ist, ob die Verpflichtung überhaupt besteht. Beispiele für Rückstellungen: betriebliche Rente, Steuern, Verpflichtungen bei Garantien (nicht von Herstellern) oder Gutscheinen, die Sie Ihren Kunden angeboten haben. Ist eine Rückstellung zu bilden, die das aktuelle Geschäftsjahr betrifft, so wird die Ausgleichsbuchung bei den Aufwendungen vorgenommen und wirkt sich daher gewinnmindernd aus.

Beispiel: Rückstellungen für nicht genommenen Urlaub der Mitarbeiter

Wenn Sie zum Bilanzstichtag feststellen, dass Ihre Mitarbeiter ihren Jahresurlaub nicht komplett aufgebraucht haben, so sollten Sie für den möglichen Anspruch auf Auszahlung des Resturlaubs eine Rückstellung zu bilden. Dieser Anspruch tritt beispielsweise bei einer Kündigung ein, wenn der Urlaub nicht mehr vor Ausscheiden aus dem Betrieb in Freizeit abgegolten werden kann. Daher ist in Höhe des möglichen Anspruches eine Rückstellung zu bilden. In gleicher Höhe entsteht Ihnen in der GuV ein Personalaufwand, der gewinnmindernd ist. Sollte die Rückstellung nicht zur Auszahlung kommen, weil der Mitarbeiter nicht gekündigt hat, wird diese Rückstellung wieder steuerwirksam aufgelöst (= sonstige Erträge). Dies gleicht den Steuervorteil wieder aus.

Bildung von Rückstellungen für nicht genommenen Urlaub

<table>
<tr><td colspan="2" align="center">GuV</td><td colspan="2" align="center">Bilanz</td></tr>
<tr><td>Aufwendungen</td><td>Erträge</td><td>Aktiva</td><td>Passiva</td></tr>
<tr><td>Erhöhung beim Personalaufwand (Rückstellungen)</td><td></td><td></td><td>Senkung des Eigenkapitals durch Gewinn nach Steuern</td></tr>
</table>

Senkung des Gewinns …

… Gewinn nach Steuern

Rückstellungen steigen

Auflösung von Rückstellungen für nicht genommenen Urlaub

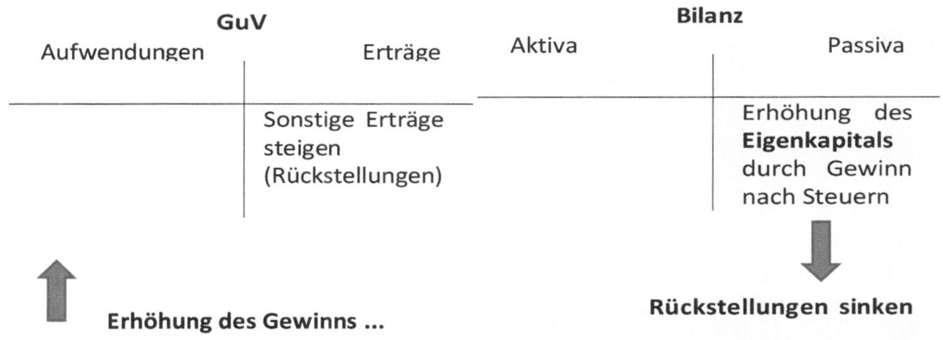

Fremdkapital

Die Begriffe Verbindlichkeiten und Fremdkapital werden synonym verwendet. In den letzten Jahren war auch in einer Bilanz großer Unternehmen der Begriff „Schulden" als Überschrift zu finden. Im Gegensatz zu Rückstellungen verdanken Verbindlichkeiten ihren Ursprung einer konkreten Zufuhr einer Leistung von außen (zum Beispiel Bankkredite) oder einem Liefer- und Zahlungsstundungsvorgang (zum Beispiel Lieferung von Waren). Die Leistung ist also schon erfolgt und wurde auch fakturiert, d. h. in Rechnung gestellt. Es ist nun Vertragssache – hier werden i. d. R. die Zahlungsmodalitäten festgelegt –, wann die Bezahlung zu erfolgen hat. Das Zahlungsziel beschreibt die Dauer bis zur Bezahlung. Valuta ist der Zeitpunkt, zu dem das Girokonto tatsächlich belastet wird. Die entstandene Schuld ist exakt definiert in ihrer Höhe als Geldbetrag und auch in ihrer Fälligkeit. Man unterscheidet hier nach Zeit und nach Kreditor Typ (zum Beispiel Banken, Finanzamt oder Lieferanten):

- Finanzverbindlichkeiten
- Verbindlichkeiten aus Lieferungen und Leistungen
- Sonstige Verbindlichkeiten (erhaltene Anzahlungen)

Passive Rechnungsabgrenzungsposten

Diese Position ist analog zu den aktiven Rechnungsabgrenzungen zu sehen. Sobald über den Jahresabschluss hinweg Leistungen erfolgen, die abrechnungstechnisch nicht im gleichen Jahr erfasst werden können, muss abgegrenzt werden. Typische Beispiele sind (Jahresabschluss soll hier zum 31.12. sein):

- Für eine Weihnachtsfeier im Dezember werden wir mit Essen beliefert. Rechnung kommt im Januar.
- Warenlieferung kommt an im Dezember und Rechnung wird im Januar nachgereicht.

Auf der Passiva-Seite befinden sich Schulden (Fremdkapital) und daher besitzen auch die passiven Rechnungsabgrenzungsposten einen Schuld-Charakter. Wenn Sie im Dezember bereits eine Leistung erhalten haben, dann schulden Sie das Geld, auch wenn die Rechnung erst im Januar kommt. Somit ist das ein passiver Rechnungsabgrenzungsposten.

Aktiva	Passiva
	A. Eigenkapital
	Anfangskapital/Eingebrachtes Kapital
	Privat-Einlagen/-
	Entnahmen
	Rücklagen
	Jahresüberschuss/Jahresfehlbetrag
	B. Rückstellungen
	C. Fremdkapital/ Verbindlichkeiten
	Finanzverbindlichkeiten
	Verbindlichkeiten aus Lieferungen und Leistungen
	D. Passive Rechnungsabgrenzungsposten

Fazit

Die Bilanz bzw. Vermögensaufstellung gehört neben der Gewinn- und Verlustrechnung zu den wichtigsten Dokumenten für den Apotheker: Die Gewinn- und Verlustrechnung zeigt auf, wie erfolgreich die Apotheke war. Die Bilanz ist eine Status-quo-Darstellung zu einem bestimmten Stichtag. Beide Dokumente werden verbunden, indem das Ergebnis nach Steuer (Gewinn- und Verlustrechnung) in das Eigenkapital (Bilanz) überführt wird. Dadurch gibt die Bilanz Aufschluss darüber, was die Apotheke besitzt. Dazu gehören sowohl der Besitz an Waren oder Einrichtung als auch das Barvermögen, die liquiden Finanzmittel also. Und auch die Schulden/Verbindlichkeiten sind dem Besitz des Unternehmens zuzurechnen.

2.7 Der Jahresabschluss

Dieses Kapitel legt den Fokus auf die betriebswirtschaftlichen Komponenten Gewinn- und Verlustrechnung sowie Bilanz. Rechtliche und steuerliche Aspekte spielen beim Jahresabschluss eine wichtige Rolle und sollen daher eine eigene Gewichtung erhalten. Lassen Sie sich zudem von Ihrem Steuerberater bezüglich der steuerrelevanten Aspekte beraten und beziehen Sie weitere Quellen, zum Beispiel Juristen oder die Apothekerkammer/IHK, mit ein, besonders wenn es um die Themen Gründung und Gesellschaftsform geht. Die wichtigsten rechtlichen Aspekte zum Jahresabschluss allgemein sind:

- Zum Jahresabschluss gehören: GuV (bzw. Einnahmen-Überschuss-Rechnung), Bilanz und Anhang. Er unterliegt nicht der sogenannten Publizitätspflicht, d. h., die Zahlen müssen nicht öffentlich werden.
- Der Jahresabschluss ist zum Geschäftsjahresende vorzunehmen, das vom Kalenderjahr abweichen kann.
- Ein „Rumpfjahr" liegt dann vor, wenn Sie unterjährig die Geschäftstätigkeit beginnen und zum Jahresende den Abschluss machen, sodass weniger als 12 Monate einfließen.
- Apotheker unterliegen dem Bürgerlichen Gesetzbuch (BGB) und dem Handelsgesetzbuch (HGB). Die Rechnungslegung unterliegt der Gesetzgebung ordnungsgemäßer Buchführung (GoB).

- Die Bilanzierungspflicht ist abhängig von der Rechtsform und der Größe vom Unternehmen. Sie entfällt bei Unternehmen mit < 60.000 € Gewinn vor Steuer oder < Umsatz 600.000 €. Apotheken sind also meist schon allein wegen des Umsatzes bilanzierungspflichtig. Werden diese Grenzen einmal überschritten, gilt die Bilanzierungspflicht immer.

- Apotheker gelten rechtlich und steuerlich als Einzelunternehmer (Ist-Kaufmann) und sind somit vollhaftende Einzelkaufleute. Schließen sich zwei Inhaber als Partner zusammen, gelten sie als eine Personengesellschaft (GbR oder OHG bzw. KG, wenn der Geschäftszweck rein auf den Betrieb eines Handelsgewerbes ausgerichtet ist).

- Der Gewinn der Apotheke nach Steuer ist als Einkommen des Apothekeninhabers zu sehen und wird mit der Einkommensteuer belegt.

- Die Höhe der zu zahlenden Einkommensteuer unterliegt der Steuerprogression und hängt vom gesamten zu versteuernden Einkommen ab. Der Steuertarif und der Spitzensteuersatz basieren auf folgenden Parametern: Der Grundfreibetrag für Ledige beläuft sich im Jahr 2024 auf 11.604 €. Beim Ehegattensplitting verdoppeln sich die Beträge entsprechend. Der Spitzensteuersatz liegt seit 2005 bei 42 % und greift ab einem Einkommen von 66.761 Euro (133.522 Euro bei gemeinsam veranlagten Ehepartnern).

Bitte informieren Sie sich über die jeweils aktuelle Regelung.

Übrigens… Ärzte unterliegen generell nicht der Bilanzierungspflicht.

Der Jahresabschluss für Apotheken enthält folgende Pflichtbestandteile:

- Gewinn- und Verlustrechnung

- Bilanz

- Anlagenspiegel/Anhang

Obligatorische Angaben:

- Angaben zu steuerlichen Verhältnissen

- Angaben zu rechtlichen Verhältnissen

- Angaben zu wirtschaftlichen Verhältnissen

- Angaben zur Finanzlage

- Angaben zur Ertragslage

Der Jahresabschluss beginnt in der Regel mit allgemeinen Angaben zum Steuerberater/Wirtschaftsprüfer und zum Inhaltsverzeichnis. Nachfolgend werden die Bilanz und Gewinn- und Verlustrechnung aufgeführt. Zusätzlich gibt es Erklärungen zur Vollständigkeit und Art der Erstellung und es wird dargestellt, welche rechtlichen (Angaben wie zum Beispiel „eingetragener Kaufmann", Amtsgericht oder Handelsregistereintrag) sowie steuerlichen Verhältnisse (Finanzamt und Steuernummer, Gewerbe- und Umsatzsteuerangaben) bestehen.

Optional können auch Kennzahlen im Jahresabschluss dargestellt werden (wirtschaftliche Verhältnisse). Dazu gehören die Betrachtung des Verschuldungsgrads, Eigenkapitalquote und/oder der Anlagenintensität. Die Finanzlage beschreiben die Kennzahlen Anlagendeckung und Nettoverschuldung sowie Cashflow.

Bei der Ertragsbetrachtung wird nochmals Bezug auf die Gewinn- und Verlustrechnung genommen und der Vergleich zu den Vorjahren gezogen. Hier sind vor allem Rentabilitätskennzahlen und Handelsspanne relevant.

Im Anhang finden Sie Kontennachweise. Konten sind die jeweiligen Kostenarten, also Kostenpositionen, die entweder einzeln oder zusammengefasst dargestellt sind. Ebenfalls finden Sie im Anhang Angaben zur Entwicklung des Anlagevermögens. Dies ist gerade bei Abschreibungen notwendig, da sich durch die Wertminderung der Wert des Anlagevermögens jährlich verändert.

Fazit

Der Jahresabschluss ist ein Dokument für das Finanzamt. Er bildet für Sie kein Instrument zur Erfolgssteuerung, sondern eine rein retrograde Betrachtung der bereits erzielten Ergebnisse. Sie können daraufhin nur noch reagieren. Wesentlichen Einfluss haben nun steuerliche Aspekte zur Steuersenkung. Der Fachmann an dieser Stelle ist Ihr Steuerberater!

Merke: Die BWA ist kein Bestandteil des Jahresabschlusses!

3. Die Kalkulation

Apotheken stehen heute stärker als je zuvor in einer intensiven Wettbewerbssituation. Verursacht wurde diese durch die gesetzlichen Veränderungen im Jahr 2004. Bis Ende 2003 waren ca. 95 Prozent des Sortiments in der Apotheke preisgebunden (Ausnahmen: stark barverkaufsorientierte Apotheken). Heute können sich durch Preisunterschiede entscheidende Erfolge ergeben. Zur Standortsicherung ist hier also der Kaufmann in Ihnen zu wecken.

Auch der Kundenanspruch hat sich im Laufe der Zeit verändert: Gewohnheiten, die Kunden im allgemeinen Handel schätzen, übertragen sie auch auf die Apotheke: „Geiz ist geil!". Wer hätte noch vor wenigen Jahren geglaubt, dass Kunden in einer Apotheke um Preise feilschen? Mittlerweile ist es auch gang und gäbe, beim Einkauf in der Apotheke Punkte zu sammeln und diese innerhalb der Vertragspartnerkette, zum Beispiel in der benachbarten Buchhandlung, einzutauschen, und umgekehrt. Zudem entwickelt sich die Artikelvielfalt der Apotheken aufgrund der Kundenwünsche stetig nach oben und führt zu einer immer größer werdenden Komplexität bei Pharmaunternehmen. Dies wirkt sich auch direkt auf Ihre Apotheke aus.

Im Bereich der Betriebskosten ist eine stetige Erhöhung zu vermerken: Vor allem Personalkosten bilden hier die Hauptfaktoren. Es finden kontinuierlich Tariferhöhungen statt und wirken sich somit auf Ihre Personalkosten aus. Haben Sie dies über eine Preiserhöhung an Ihre Kunden weitergegeben? Auch im Energiebereich sind steigende Kosten unvermeidbar. Zudem trägt der Druck, sich vom Wettbewerb abheben zu müssen, zu steigenden Marketingkosten bei. Es ist derzeit nicht zu erkennen, dass im Betriebskostenbereich künftig größere Erleichterungen auf die Apotheken zukommen.

Eine weitere Tendenz, die sich negativ auf die Apotheke auswirken kann, ist abzusehen: Für den OTC-Umsatz wird der Kunde immer mehr zu den einfachen Beschaffungswegen über das Internet greifen. Dennoch wird er daneben auch weiterhin die stationäre Apotheke brauchen, weil es oft noch Beratungsbedarf gibt oder zum Beispiel schnelle Schmerzlinderung gewünscht wird. Dies ist Ihr entscheidender Vorteil gegenüber den Versandapotheken aus dem Netz. Bei der Vielfalt an Rabattverträgen und Ersatzleistungen wird sicherlich noch lange auf Ihr Know-how zurückgegriffen werden. Dafür benötigen Sie jedoch qualifiziertes Personal, was mit erhöhten Personalkosten einhergeht. Für Ihre Kalkulation bedeutet dies, dass die Umsätze im Non-Rx-Bereich in absehbarer Zeit deutlich sinken werden. Achten Sie daher genau darauf, welche Lagermengen in diesem Segment für Sie wirtschaftlich sind. Es bedarf sehr hohen Einsatzes und Verkaufsgeschicks, die Umsätze im Non-Rx-Bereich heutzutage zu halten oder gar ausweiten zu können.

Vertrauen Sie nicht mehr darauf, dass sich Ihre Apothekerkollegen nicht auf Preiskämpfe einlassen, sondern legen Sie für sich fest, wie hoch Ihr individueller Aktionsrahmen liegt. Wie hoch sind Ihre Kosten? Und können Sie aufgrund Ihrer Kostensituation Kampfpreise halten? Langfristige Unternehmenssicherung sollte stets im Vordergrund der Unternehmensziele stehen.

3.1 Grundlagen der Kalkulation

Bitte bedenken Sie, dass für verschreibungspflichtige Arzneimittel sowie für Rezeptur-Arzneimittel keine eigene Kalkulation anwendbar ist. Auch gibt es besondere Regeln, die staatlich definiert sind. Der Handlungsrahmen für Apotheken liegt in diesem Bereich nur innerhalb der Bereitstellung und nicht innerhalb der Kalkulation. Die nachfolgenden Überlegungen gelten also nur für das frei-kalkulierbare Sortiment, „Non-Rx" genannt. Hier steht es Ihnen frei, alle Möglichkeiten der Preiskalkulation auszuschöpfen. Nein, es ist sogar Ihre Pflicht. Hier liegt Ihre Stellschraube zur Gewinnerzielung, die Sie selbst gestalten können.
In der Praxis begegnen mir leider häufig folgende Situationen:

1. Man erspart sich die Kalkulation und übernimmt die UVPs/AVPs.
2. Die Kalkulation ist von vornherein nicht kostendeckend, weil man Aufschläge aus dem Bauchgefühl heraus definiert (weil man es immer schon so gemacht hat).
3. Man verlässt sich auf die Apothekensoftware, die evtl. nicht den effektiven Einkaufspreis zeigt. Daher fehlt u. U. der korrekte Aufschlag.
4. Preisaktionen werden durchgeführt, in der Hoffnung, am Ende werde es sich schon „lohnen". Preis wird danach auf vorheriges Niveau wieder angehoben.
5. Viele Rabattaktionen sind nur Reaktionen auf die Preisoffensiven anderer Wettbewerber und beruhen nicht auf einer sorgfältigen Kalkulation.
6. Die Nachkalkulation, ob sich eine Aktion wirklich gelohnt hat, fehlt.

Und die Kunden?

Das Kundenverhalten ist so speziell und wichtig, dass ich für Marketing ein separates Buch veröffentlicht habe. Wir beschränken uns hier auf die mathematisch-betriebswirtschaftliche Sichtweise. Ein errechneter Aufschlag, der beste Preis, ist aber nur mit den „richtigen" Werbemaßnahmen erfolgreich und daher betrachten Sie die nachfolgenden Passagen nur als ein Teilaspekt des Preismanagements.

Beruhigend für unsere Preiskalkulation ist die Tatsache, dass auf der Kundenseite oft zu beobachten ist, dass leichte Preiserhöhungen, beispielsweise um 5 Prozent, nicht oder kaum wahrgenommen werden, außer bei so genannten Indikatorartikeln (S.140).

Die kostenbasierte Kalkulation

In diesem Kapitel legen wir den Fokus auf die kostenbasierte Kalkulation, d. h., Sie lernen Preisuntergrenzen zu definieren. Dadurch können Sie künftig Preisaktionen bewusst einsetzen und deren Auswirkungen auf Ihren Gewinn sinnvoll planen.

Während in Industrie und Handel die bewusste Kostenkalkulation zu den altbewährten Instrumenten gehört, beginnen Apotheken erst langsam damit. Entscheidend ist jedoch für alle Apotheken: Nur wenn Sie sich über Ihre individuelle Kostensituation im Klaren sind und die Kosten sinnvoll auf die Produkte umverteilen, können Sie einen positiven Einfluss auf Ihr langfristiges geschäftliches Überleben nehmen. Natürlich spielen viele andere Faktoren eine große Rolle (Personalqualifikation, Lage, Politik etc.), die Kostendeckung bleibt jedoch die Basis für jeden Erfolg.

Verschreibungspflichtige Arzneimittel und weitere Artikel, die der Preisbindung unterliegen, machen in den meisten Apotheken immer noch den größten Teil des Umsatzes aus. Das bedeutet, es bleibt ein relativ kleiner Teil übrig, bei dem frei kalkuliert werden kann. Natürlich gibt es auch dafür die unverbindlichen Preisempfehlungen der Hersteller. Daher ist es verständlich, dass die Notwendigkeit der Kalkulation bisher nur sehr langsam ins Bewusstsein rückt.

Die Kalkulation im Rx-Bereich sieht vor, dass Sie nur eine grobe Kostendeckung anstreben können. Eigentlich liegt im GMG (2004/2013) die Annahme einer Kostendeckung vor, wenn auf eingekaufte Rx-Packungen 3 Prozent vom

EK und 8,35 € Aufschlag erhoben werden. Dieser Kalkulation des Gesetzgebers lagen die Kosten einer durchschnittlichen Apotheke zugrunde. Bewegen Sie sich also in diesem angenommenen Kostenniveau, müssen Sie genau analysieren, ob Sie mit 100 Prozent Rx-Umsatz kostendeckend arbeiten könnten. Da mit dem Aufschlag von 8,10 € (bzw. danach 8,35 €) je Rx-Packung kein Inflationsausgleich vorgenommen wurde und überregional sehr unterschiedliche Kostenbelastungen herrschen, sollten Sie immer für sich und mit Ihren individuellen Zahlen die Kostendeckung überprüfen. Die gesetzlichen Zulagen sind zu gering im Vergleich zu Ihrer tatsächlichen Belastung!

Historisch betrachtet, hat auch Ihr Einkauf bereits viele Höhen und Tiefen erlebt. Nach AMNOG (2010 – 2012) sank der Rohertrag so stark, dass sogar sehr häufig keine Kostendeckung mehr erzielt werden konnte. Nach dem Jahr 2013 hat zwar der Großhandel seine Konditionen wieder verbessert und außerdem wirkten sich seither auch die gesetzlichen Regelungen mit erhöhtem Fixzuschlag (8,10 € auf 8,35 €) und gesenktem Abschlag an die GKV (2,05 € – 1,79 €) pro Rx-Packung positiv auf den Rohertrag im Rx-Bereich aus, ABER dieser positive Effekt wurde jedoch nicht allein durch die nachfolgenden Tariferhöhungen wieder aufgezehrt, so dass sich (wieder) sagen lässt, dass der Fixzuschlag erneut nicht mehr zur Kostendeckung ausreicht. Aus mir unverständlichen Gründen, wurde bei der Anpassung des Dienstleistungshonorars die Dynamik wieder außer Acht gelassen. Nehmen Sie es selbst in die Hand!

Natürlich ist es stark von Ihrer Kostensituation abhängig, wie weit der Rohertrag zur Kostendeckung reicht. Generell lässt sich jedoch für die meisten Apotheken feststellen, dass die Zusatzumsätze im Non-Rx-Bereich entweder notwendig sind, um die Rx-Lücke zu schließen, oder sich überhaupt erst durch diese Apothekengewinne erzielen lassen. Lassen Sie darum keine Chance aus, um diesen Zusatzumsatz zu generieren, und kalkulieren Sie hier richtig.

Auch im Hinblick auf Ihren persönlichen Einsatz ist die Frage relevant, ob reine Kostendeckung ausreichend ist. Geschäftliches Wachstum und stabile Gewinne basieren auf einer stetigen Sortimentsanalyse und -verbesserung. Suchen Sie dafür nicht den Vergleich mit anderen Apotheken oder gar Drogeriemärkten, setzen Sie eigene Schwerpunkte im Sortiment und definieren Sie Trends. Vielversprechend sind zum Beispiel Erweiterungen im Anti-Aging-, Mutter-Kind- oder Wellness-Bereich. Im Segment der Selbstmedikation werden Sie prüfen müssen, ob sich Ihre Preise „rechnen". Für den Fall, dass sich hier die unverbindlichen Preisempfehlungen der Hersteller durchsetzen, überprüfen Sie bitte genau, ob Sie damit den für Sie notwendigen Gewinn erwirtschaften können. An diesem Punkt ist betriebswirtschaftliches Know-how besonders notwendig, und zwar in dem Maße, in dem die Selbstmedikation an Bedeutung gewinnt und Ihr Rohertrag sinkt. Die Erfahrung in anderen Branchen hat gezeigt: Langfristig setzen sich Solidität und faire Preise durch. Überzeugen Sie durch Kompetenz und von Herzen kommende Freundlichkeit in der Beratung. Nehmen Sie Ihren Mitarbeitern auch die Bedenken, dass aktive Beratung wirken könnte, als wollten sie dem Kunden etwas „aufdrücken". Zusatzumsatz ist absolut notwendig und dient zur Standortsicherung. Schulen Sie Ihre Mitarbeiter daher unbedingt entsprechend und geben Sie ihnen hilfreiche Verkaufsargumente wie die „Therapieergänzung" an die Hand.

Die Kalkulation ist ein wichtiger Teil der Kostenträgerrechnung und erfüllt hauptsächlich drei Aufgaben:

1. **Kostenermittlung im Sinne einer Selbstkostenrechnung**:
   Leistungseinheit ist entweder die einzelne Packung oder eine Gruppe gleichartiger Waren (Ermittlung der Kosten je Leistungseinheit).

2. **Preisermittlung**:
   Die Kalkulation dient speziell der Festsetzung der Preisuntergrenze (bei Sonderangeboten) und der Sortimentspolitik sowie der Sortimentsgestaltung. Sinnvoll für Produkte im freien Verkauf.

3. **Erfolgsrechnung**:
   Mithilfe der Kalkulation lassen sich artikelweise oder warengruppenweise Erfolgsrechnungen durchführen. Ziel ist die Ermittlung des Erfolgs aus dem Verkauf eines Artikels.

Grundsätzlich gilt: Jeder Apotheker sollte bestrebt sein, sämtliche Warenkosten plus Gewinn (inkl. Unternehmerlohn) an den Artikelpreis weiterzugeben. Ist das bei einigen Artikeln nicht möglich, da zum Beispiel über häufige Angebote der Wettbewerber allen Kunden ein besonders niedriger Marktpreis bekannt ist (Indikatorartikel), sollten Sie die entstandene Lücke als einen weiteren Kostenblock sehen, der bei anderen Artikeln aufgeschlagen werden muss. Das ist die so genannte Mischkalkulation.

Beispiel:
Sie kaufen einen Artikel für effektiv 4 € ein. Ihr Aufschlag in dem entsprechenden Warensegment liegt normalerweise bei 40 Prozent. Im Jahr verkaufen Sie davon durchschnittlich ca. 1.000 Packungen.

EK	4,00 €
Aufschlag 40 %	1,60 €
VK netto	5,60 €
19 % MwSt.	1,06 €
VK brutto	6,66 €
− 3 % Kundenkartenrabatt	0,20 €
VK brutto, neu	6,46 €

Da Sie die Mehrwertsteuer zwar einnehmen, aber wieder ans Finanzamt abführen müssen, sind die 1,06 € aus dem obigen Beispiel wieder herauszurechnen, sodass Ihnen ein Umsatz von 5,40 € bleibt.

5,40 € × 1.000 Packungen = 5.400 € Umsatz, der nicht nur kostendeckend, sondern auch gewinnbringend ist, wenn man sich auf die 40 Prozent Aufschlag verlassen kann.

Angenommen, der Marktpreis liegt bei 5,99 €: Rechnen Sie aus dem Brutto-VK die MwSt. heraus: 5,99 ÷ 119 × 100 = 5,03 € Nettoumsatz (bzw. 5,99 ÷ 1,19 = 5,03).

Bei einem Abverkauf von 1.000 Packungen erzielen Sie einen Umsatz von 5.030 €. Dies entspricht einer Kostenunterdeckung von 370 €. Diese 370 € können Sie behandeln wie einen weiteren Kostenblock in Ihrer BWA. Addieren Sie diese bei der Aufschlagskalkulation zu dem übrigen Kostenblock und versuchen Sie nun diese Differenz auf das restliche Sortiment umzulegen.

Des Weiteren stellt sich die Frage, ob Sie auch 1.000 Packungen verkauft hätten, wenn Sie beim alten Preis geblieben wären. Wie viele Artikel werden zunehmend zu Indikatorartikeln? Können Sie im gleichen Zuge ständig das andere Sortiment im Preis erhöhen? Eine schwierige Entscheidung, die Ihnen gute Marktkenntnisse abverlangt. Beobachten Sie die Kundenreaktionen und lassen Sie sich nicht allzu schnell einschüchtern von „Früher war tatsächlich alles günstiger".

Klassifizierung von Kostenarten:

A. Gliederung nach der Art verbrauchter Kostengüter:
  - Wareneinsatz
  - Personalkosten
  - Raumkosten
  - Marketingkosten
  - Kalkulatorische Kosten (kalk. Unternehmerlohn, kalk. Abschreibungen, kalk. Eigenkapitalzins etc.)

B. Gliederung nach der Zurechenbarkeit zu Produkten und Dienstleistungen:
  - Einzelkosten: werden Waren/Warengruppen direkt zugerechnet.
  - Gemeinkosten: werden indirekt, d. h. über Umrechnungsschlüssel den Waren zugerechnet. Bsp.: Geschäftsführung, Zentral- und Verwaltungsbereiche sowie eine Vielzahl von Betriebskosten (Reparaturdienst, Reinigung, Beratung etc.).

C. Gliederung nach Fixkosten und variablen Kosten:
  - Variable Kosten: Kostenblock verändert sich analog zum Umsatz. Je mehr Umsatz Sie generieren, desto mehr variable Kosten entstehen. In der Apotheke sind Warenkosten = variable Kosten.
  - Fixkosten: fallen vom Umsatz unabhängig an. I. d. R. alle Kosten außer Warenkosten/Materialaufwand.

Kalkulatorische Kosten

Kalkulatorische Kosten sind zwar rein angenommene Kosten, vom vorsichtigen Kaufmann werden sie aber dennoch im Rahmen der Erfolgsrechnung sorgfältig betrachtet. Auch wenn es keinen Rechnungsbeleg dafür gibt, bleiben sie trotzdem wichtig für eine realistische Erfolgsrechnung. Kalkulatorische Kosten sind wie oben schon erläutert nicht steuerrelevant und tauchen daher in der Gewinn- und Verlustrechnung nicht auf. Es ist bis auf wenige Ausnahmen auch nicht notwendig, diese in der BWA aufzulisten, solange Sie sie bei der Preiskalkulation berücksichtigen.

Kalkulatorische Kosten ergeben sich aus der Unternehmenssituation heraus und können unterschiedlich beschaffen sein: Auf den kalkulatorischen

Unternehmerlohn sind wir bereits eingegangen; dieser gehört als einziger Posten der kalkulatorischen Kosten auch in die BWA. Darüber hinaus sind beispielsweise entgangene Zinsen für das Eigenkapital, das Sie in die Apotheke investiert haben, zu berücksichtigen (kann unter der derzeitigen Zinssituation jedoch vernachlässigt werden. Neben dem kalkulatorischen Eigenkapitalzins gibt es die kalkulatorische Miete, sofern Sie die Apotheke in eigenen Räumlichkeiten betreiben. Für all diese „Kosten" haben Sie keinen Beleg oder keine Rechnung, sie müssen aber dennoch in den VK einfließen, da sie zum Leistungsspektrum für Ihre Kunden gehören.

Ein weiterer denkbarer kalkulatorische Kostenblock wäre der Inflationsausgleich beim Fixzuschlag, der ja seit vielen Jahren unglücklicherweise fix ist. Wer sich einmal diese Rechnung (Barwertmethode) aufgemacht hat, hat schnell erkannt, dass hier ein gravierender Verlust entstanden ist, den keine Preiskalkulation ausgleichen kann. Gewöhnen Sie sich daher an, bei gesetzlichen Neuerungen möglichst frühzeitig eine beispielhafte Kalkulation zu machen, damit Sie die Auswirkungen realistisch einschätzen können. Eine solche kritische Betrachtung muss in einem gesunden Verhältnis zu Ihren Bemühungen stehen, attraktive Sonderaktionen und Preisnachlässe anzubieten. Um weiterhin gewinnbringend arbeiten zu können, müssen Sie gerade auch die Belastungen an Ihre Kunden weiterberechnen. Scheuen Sie sich nicht davor! Dies ist für die Erhaltung Ihrer Existenz maßgeblich.

Handelsspanne

Die „Spannen-Begriffe" werden heute vielfältig eingesetzt und es empfiehlt sich, immer wieder zu überprüfen, was genau der Kalkulierende betrachtet hat. Die „absolute" Spanne wird mit dem Rohertrag gleichgesetzt. Die „relative" Spanne ist als die Handelsspanne zu verstehen:

Spanne (in %) = (Verkaufspreis – Einstandspreis) × 100 ÷ Verkaufspreis Sie beziehen sich auf das Verhältnis zum Verkaufspreis.

Wird der Bezug zum Einstandspreis gemacht, so sprechen Sie vom Aufschlag (in %): Aufschlag (in %) = (Verkaufspreis – Einstandspreis) × 100 ÷ Einstandspreis

Exkurs: Indikatorartikel sind starke Markenartikel, deren Leistungsversprechen und Verkaufspreis beim Verbraucher bekannt sind und bei Preisaktionen mit einem Preisnachlass als ein besonderes Angebot anerkannt werden. Diese sind bundesweit gesetzt, können aber auch, je nach Aktivitätsgrad von Apotheker-Kollegen, regional individuell gesetzt werden.

Beispiel: Berechnung der **Handelsspanne**

$$\text{Spanne: } 26{,}42\ \% = (VK - EK) \times 100 \div VK$$

	Wareneinsatz (EK)	100,00 €
+	Handlungskosten: 21 %	21,00 €
=	Selbstkostenpreis (SK)	121,00 €
+	Gewinnzuschlag: 8 %	9,68 €
=	Barverkaufspreis (BVK)	130,68 €
+	Event. Rabatt: 3 %	5,23 €
=	Apotheken-VK netto	135,91 €
+	19 % MwSt.	25,82 €
=	Apotheken-VK brutto	161,73 €

$$35{,}91\ \% = (VK - EK) \times 100 \div EK\ \text{Aufschlag}$$

Merke: Der Aufschlag ist immer eine höhere Prozentzahl als die Spanne, da auf eine neue Basis neue Aufschläge kommen.

Wie errechnen Sie mit diesen Erkenntnissen den Verkaufspreis (VK)?

Stellt man die soeben kennengelernte Formel um, dann ergibt sich:

$$VK = \text{Einstandspreis} \times (100 + \text{Aufschlag}) \div 100$$
$$= 100 \times (100 + 35{,}91) \div 100$$
$$= 100 \times 135{,}91 \div 100$$
$$= 135{,}91\ € \ VK\ netto$$

Wenn Sie nun den Brutto-VK ermitteln möchten, so sind noch 19 % (bzw. 7 %) Mehrwertsteuer zu addieren:

    = VK netto × 1,19 (bzw. 1,07) = VK brutto
    = 135,91 × 1,19
    = 161,73 €

Umsatz netto – Wareneinsatz = Rohertrag
Hier: 135,91 € – 100 € = 35,91 € = Die „absolute" Spanne

Rohertrag in Prozent vom VK
Hier: 135,91 € = 100 % => 35, 91 € = 26,42 % = Die „relative" Spanne

Der Begriff Handelsspanne gehört zu den ewigen Begleitern der Apotheke. Je höher die Gewinnspanne ist, desto erfolgreicher die Apotheke. In den letzten Betriebsergebnissen wurde von einer durchschnittlichen Handelsspanne von 24 – 26 Prozent gesprochen, wobei Apotheken mit vielen hochpreisigen Rezepten (allein schon rein mathematisch) unter 24 Prozent liegen. Wenn Sie die Handelsspanne positiv beeinflussen wollen, bietet es sich an, die Formeln im Detail zu betrachten und die Einflussfaktoren auf die einzelnen Größen zu sehen.

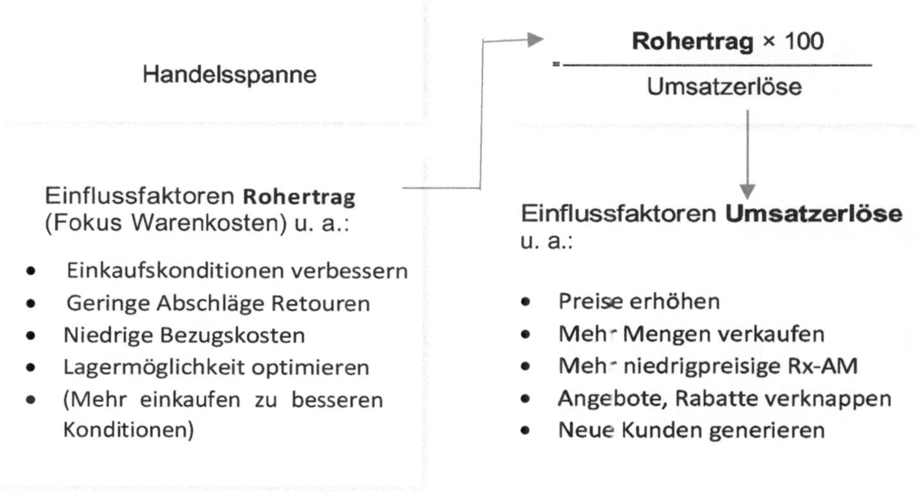

Diese Optimierungsmaßnahmen sind stets zu trennen nach den verschiedenen Umsatzarten und der damit einhergehenden Kalkulation/Vergütung. Während Sie im Non-Rx-Bereich Preisaktionen tätigen können, müssen Sie sich im Rx-Bereich an die gesetzlichen Vorgaben halten. Trennen Sie also nach

- Umsatzerlösen und Wareneinsatz im Rx-Bereich, der über die GKV abgerechnet wird,
- Umsatzerlösen und Wareneinsatz für rezeptfreie Arzneimittel (OTC), die über die GKV abgerechnet werden und
- Umsatzerlösen und Wareneinsatz für den Non-Rx-Bereich (OTC).

Stellen Sie sicher, dass Sie jeweils für diese Gruppen die adäquaten Roherträge ermitteln können. Nur dann ergeben weitere Kennzahlen auch Sinn.

Stücknutzen

Der Stücknutzen ist eine wichtige Kenngröße für die Messung der Rentabilität eines Produkts für Ihre Apotheke. Er bezeichnet die absolute Differenz zwischen dem Preis, zu dem Sie ein Produkt eingekauft haben, und dem Preis, zu dem Sie es verkaufen (ohne MwSt.). Einfach gesagt, ist der Stücknutzen der Rohgewinn (vor Steuer), den Sie durch den Verkauf einer Packung dieses Produktes erzielen.

Anders als bei Marge oder Spanne, die in der Regel in Prozent ausgedrückt werden, handelt es sich beim Stücknutzen immer um einen absoluten Wert in Euro.

Formel: Verkaufspreis – Einkaufspreis = Stücknutzen

	Artikel A	**Artikel B**
Einkaufspreis netto	4,10 €	2,50 €
Verkaufspreis netto	8,80 €	6,30 €
Stücknutzen netto	4,70 €	3,80 €
Spanne netto	53,41 %	60,32 % anteiliger Gewinn vom VK

Hier die wichtigsten Begriffe zusammengefasst:

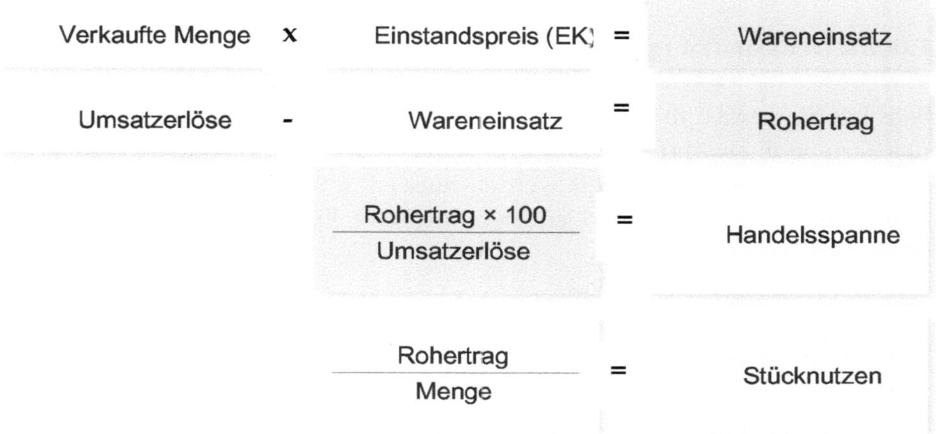

Handlungskosten

Unter Handlungskosten versteht man die Summe der Betriebsbereitschaftskosten, wie Personal-, Raum-, Werbekosten, Abschreibungen etc., jedoch ohne Warenkosten. Das sind fixe Kosten, die sich nicht analog zum Umsatz verändern.

Aus den Handlungskosten wird der Handlungskostenzuschlag ermittelt, der auf Ihren Einkaufspreis aufgeschlagen wird. Sie ermitteln den Zuschlagssatz, indem Sie die Summe der Handlungskosten durch den Wareneinsatz dividieren. Den Prozentwert erhalten Sie nach der Multiplikation des Ergebnisses mit 100.

Formel:

Handlungskostenzuschlagssatz = Handlungskosten ÷ Wareneinsatz × 100

Die Handlungskosten beziehen sich auf die Basis Einstandspreis/Wareneinsatz, der Gewinnzuschlag wird auf die Selbstkosten aufgeschlagen. Um das zu vereinfachen, kann man den Handlungskostenzuschlagssatz und den Gewinnaufschlag zum so genannten Kalkulationszuschlag zusammenfassen:

Der Kalkulationszuschlag ist die Differenz zwischen dem Apotheken-VK (AVK) und dem Apotheken-EK (AEK) in Prozent gegenüber dem Apotheken-EK-Preis (AEK).

Exkurs: Denksportaufgabe

Sehr häufig werden in Apotheken bei Aktionen sehr großzügige Rabatte auf das Sortiment gewährt. Selten wurde dabei allerdings im Vorfeld berechnet, wie viele Packungen verkauft werden müssen, um den gleichen Rohertrag wie regulär zu halten. Dies ist jedoch sehr riskant. Eine einfache Überprüfung reicht aus.

Sie benötigen:
- den effektiven Wareneinkaufspreis (EK)
- die Anzahl Packungen, die Sie zuvor verkauft haben (vergleichbare Zeitperiode)
- den Verkaufspreis vor der Preissenkung (VK)
- Verkaufspreis nach der Preissenkung

Sie möchten für einen beliebten Artikel eine Sonderaktion machen und streben eine Preissenkung von 20 Prozent an. Überprüfen Sie nun, wie viele Packungen Sie mehr verkaufen müssen, um den gleichen Rohertrag wie außerhalb des Aktionszeitraumes zu erzielen! Bitte beachten Sie: Nachfolgend werden alle Berechnungen ohne die gesetzliche Mehrwertsteuer gemacht. Sie ist für diese Berechnung irrelevant.

Ausgangssituation:
Netto-EK = 8,20 €
Netto-VK = 11,48 €
Preissenkung um 20 % = 9,18 €

Annahme: Normalerweise verkaufen Sie 30 Packungen am Tag. Wie viele Packungen müssen Sie täglich mehr verkaufen, um den gleichen Rohertrag wie ohne Preisaktion zu erzielen?

Die Vorgehensweise, um auf die richtige Lösung zu kommen, ist einfach:

- Im regulären Geschäftsverlauf erzielen Sie einen Rohertrag von 98,40 € (= 3,28 € × 30 Packungen = 98,40 €).
- Während der Preisaktion erreichen Sie mit derselben verkauften Menge nur noch 29,40 € Rohertrag am Tag: (9,18 € – 8,20 € = 0,98 €) × 30 Packungen.
- Das bedeutet: Ihnen fehlen pro Tag der Preisaktion 69 €.
- Dividiert man den regulären Rohertrag durch den Rohertrag pro Packung während der Preissenkung, ergibt sich die Anzahl der Packungen, die Sie zum neuen Preis für Ihren ursprünglichen Rohertrag verkaufen müssen: 98,40 € ÷ 0,98 € = 100,4.
- Da keine „angebrochenen" Packung (= 0,4) zum Verkauf stehen, runden Sie auf 101 Packungen auf.

Diese Schritte lassen sich wie folgt in einer Formel zusammenfassen:

Formel:
Mehrumsatz = (Rohgewinn, alt ÷ Rohgewinn, neu − 1) × 100 %
$$(3,28 ÷ 0,98 − 1) × 100 ≈ 335 \%$$

30 Pck. × 335 % = 100,5 -> 101 Pck. mehr

101 Packungen am Tag, also 71 Packungen Mehrabsatz

Gegenprobe:

30 Pck. × 3,28 €   = 98,40 € Tages-Rohertrag
101 Pck. × 0,98 € = 98,98 € Tages-Rohertrag
(Abweichung ergibt sich durch vorheriges Runden)

Halten Sie dieses Ergebnis für praktisch umsetzbar?
Ein wichtiger Faktor bei der Planung von Preisaktionen ist, dass Arzneimittel nicht wie andere Konsumgüter über den Bedarf hinaus gekauft werden, nur weil sie im Angebot sind. Sicherlich möchten Sie die Kunden mit Preisangeboten in die Apotheke locken, in der Hoffnung, dass dann weitere Artikel gekauft werden. Stellen Sie sich hierzu einigen kritischen Fragen:

- Haben Sie tatsächlich überprüft, ob Ihre Hoffnung auf Mehrkäufe durch Lockangebote der Realität entspricht und die Mehrkäufe den entgangenen Rohertrag kompensieren?
- Konnten Sie messen, wie lange die Kunden wegbleiben, weil Sie sich während Ihrer Aktion eingedeckt haben, sodass sie in den Monaten, in denen Sie Ihre regulären Preise verlangen, nicht kommen?
- Können Sie abschätzen, wie viele Kunden gar nicht erst in die Apotheke kommen, weil ihnen keine neuen 20 Prozent-Aktionen winken?
- Haben Sie verlässliche Zahlen darüber, wie viele Kunden nur die Angebotsgröße gekauft haben und daher die Losgrößen, die Sie regulär kalkulieren, ignoriert haben? Beispiel: Sie setzen eine Sonnencreme mit LSF 50 ins Angebot; die Creme mit LSF 30 wird automatisch weniger nachgefragt. Daher müssen Sie viel mehr Cremes mit LSF 50 verkaufen, um wenigstens den gleichen Rohertrag zu erzielen wie vorher (s. u., Mehrverkaufstabelle). Zudem müssen Sie noch den Nichtverkauf der kleineren Einheiten kompensieren.

In der heutigen Zeit erwartet der Kunde Angebote, und sicherlich sollten Sie Ihre Kunden nicht enttäuschen. Es ist daher wichtig, dass Sie gezielte Aktionen starten und nicht pauschal Preisnachlässe geben. Nur bei wirklich guten Einkaufskonditionen können Sie Indikatoren bewerben. Diese Gedanken zur Berechnung von Mehrumsatz fasst die nachfolgende Tabelle nochmals zusammen:

Handelsspanne

	15 %	20 %	25 %	30 %	35 %	40 %	45 %	
30 %	33,33	40,00	45,45	50,00	53,85	57,14	60,00	
25 %	37,50	44,44	50,00	54,55	58,33	61,54	64,29	
20 %	42,86	50,00	55,56	60,00	63,64	66,67	69,23	
15 %	50,00	57,14	62,50	66,67	70,00	72,73	75,00	Preiserhöhung
10 %	60,00	66,67	71,43	75,00	77,78	80,00	81,82	
5 %	75,00	80,00	83,33	85,71	87,50	88,89	90,00	
0 %	100 %	100 %	100 %	100 %	100 %	100 %	100 %	
−5 %	150,00	133,33	125,00	120,00	116,67	114,29	112,50	
−10 %	300,00	200,00	166,67	150,00	140,00	133,33	128,57	
−15 %	Nicht mgl.	400,00	250,00	200,00	175,00	160,00	150,00	
−20 %	–	Nicht mgl.	500,00	300,00	233,33	200,00	180,00	Preissenkung
−25 %	–	–	Nicht mgl.	600,00	350,00	266,67	225,00	
−30 %	–	–	–	Nicht mgl.	700,00	400,00	300,00	
−35 %	–	–	–	–	Nicht mgl.	800,00	450,00	
−40 %	–	–	–	–	–	Nicht mgl.	900,00	
−45 %	–	–	–	–	–	–	Nicht mgl.	

Beispielaussagen, die sich aus dieser Tabelle ableiten lassen:

- Ein Artikel hat eine Spanne von 20 Prozent. Bei einem Preisnachlass von 15 Prozent müsste der Umsatz vervierfacht werden, um die alte Spanne zu halten.
- Bei einer leichten Preiserhöhung von 5 Prozent kann ich Artikel mit 45 Prozent Spanne in geringeren Mengen verkaufen als bisher. Während vorher 10 Artikel verkauft werden mussten, genügen jetzt nur 9, um die ursprüngliche Spanne zu halten.

Die Tabelle funktioniert nach einer einfachen Logik: Sie können niemals gewinnbringend agieren, wenn Sie höhere Rabatte an den Kunden gewähren, als Sie selbst im Einkauf erzielt haben. Das bedeutet: Haben Sie selbst eine Spanne von 20 Prozent an einem Artikel und geben dem Kunden einen Rabatt von 20 Prozent, werden Sie nie in die Gewinnzone kommen.

So können Sie umgekehrt errechnen, wie hoch eine Preiserhöhung sein sollte, wenn bestimmte Artikel weniger nachgefragt werden. Dies ist zwar mathematisch möglich, aber die Marktgegebenheiten laufen i. d. R. genau konträr. Wie wir im ersten Kapitel gesehen haben, ist der Preis eines Gutes umso niedriger, je weniger dieses nachgefragt wird, und umgekehrt (Regel von Angebot und Nachfrage).

Nutzen Sie diese Erkenntnisse für den Einsatz der Mischkalkulation. Der fehlende Rohertrag im Falle einer Preissenkung muss anderweitig als Kostenblock aufgeschlagen werden. Somit kann über einen Mehrverkauf und die Mischkalkulation eine bessere Kostendeckung erzielt werden. Der alleinige Mehrverkauf zur Kostendeckung ist in der Apotheke unrealistisch.
In meinem dritten Buch „Unternehmerisch denken – besser verkaufen" werden diese Aspekte vertieft und mit weiteren Handlungsempfehlungen ergänzt.

3.2 Ermittlung der Gewinnschwelle: Break-even-Point (BEP)

Wenn Sie sich in diesem Zusammenhang fragen, wie viel mehr an Packungen Sie verkaufen müssen, um einen gewissen Rohertrag zu erreichen, so sind Sie mit der folgenden Frage auch ganz nah:

Wann komme ich mit meinem erzielten Umsatz in die Gewinnzone?
Wahrscheinlich haben Sie sich privat schon gefragt, wie lange Sie für die Steuer arbeiten müssen, bis endlich für Sie selbst etwas übrigbleibt. Die Antwort lautet: Ungefähr bis zur 3. Juliwoche. Dann ist die Schwelle erreicht, an der sich die Situation zu Ihren Gunsten wendet. Wie sieht das für Ihre Apotheke aus?

Die Ermittlung der Gewinnschwelle, des so genannten Break-even-Points, bietet die Möglichkeit zu berechnen, bis zu welchem Preis die Apotheke noch im Gewinnbereich arbeitet, bzw. beantwortet die Frage, wie viel Umsatz Sie generieren müssen, um in die Gewinnzone zu kommen:
Gewinnschwelle = Absatzmenge bzw. Umsatzgröße, welche die Fixkosten der abgerechneten Periode und die variablen Kosten der abgesetzten Produkte deckt. Klären wir zunächst die verwendeten Begriffe in der BEP-Formel:

- Variable Kosten: Kosten, die von der Umsatzmenge abhängig sind, und daher erst mit der Geschäftstätigkeit anfallen. In der Apotheke kann dieser Posten mit dem Wareneinsatz gleichgesetzt werden. Sich Waren ins Lager zu legen, wird nicht als Kosten definiert, sondern als Vorrat. Zu Kosten werden sie rechnerisch erst, wenn Umsatz generiert wird.
- Fixkosten: Kosten, die unabhängig von der Umsatzmenge sind, die also auch dann anfallen, wenn die Apotheke geschlossen bleibt (i. d. R. alle Kosten außer Warenkosten). Fixkosten gelten meist für eine bestimmte Zeit als konstant. Umgangssprachlich werden diese aufgrund dessen auch „Eh-da-Kosten" genannt.

Für die untenstehende Beispielrechnung des BEP werden die Daten einer Beispielapotheke verwendet:

	2023		2024		Änd. in %
Netto-Umsatzerlös	1.303.000 €	100 %	1.325.000 €	100 %	1,7 %
./. Wareneinsatz	971.000 €	74,5 %	994.000 €	75 %	2,4 %
= Rohgewinn	332.000 €	25,5 %	331.000 €	25 %	− 0,3 %
./. Personalkosten	148.000 €	11,4 %	151.000 €	11,4 %	2,0 %
./. Übrige Kosten	115.000 €	8,8 %	114.000 €	8,6 %	− 0,9 %
Kosten gesamt	263.000 €	20,2 %	265.000 €	20 %	0,8 %
Betriebsergebnis (v. St.)	69.000 €	5,3 %	66.000 €	5 %	4,4 %
Verfügungsbetrag	35.000 €	2,7 %	33.000 €	2,5 %	−5,7 %

Berechnung:

Break-even-Point	=	Fixkosten ÷ (Umsatz − variable Kosten)
	=	Fixkosten ÷ Rohertrag
	=	265.000 ÷ 331.000 €
	=	0,8

Wie ist das Ergebnis zu interpretieren?

80 Prozent der Gesamtleistung (Jahresumsatz) müssen erzielt werden, um die Gewinnschwelle zu erreichen. Nehmen wir an: 80 Prozent des Umsatzes aus 2023 (1,3 Mio. €) entsprechen 1,04 Mio. €. Diesen Wert können Sie nun auf den

Monat oder Öffnungstag und sogar auf den einzelnen Mitarbeiter herunterbrechen.

1,04 Mio. € ÷ 12 Monate = 86.667 € p. Monat
1,04 Mio. € ÷ 312 Öffnungstage = 3.333 € Tagesumsatz

Bitte beachten Sie, dass wir hier über Vergangenheitswerte sprechen. Wesentlich reizvoller ist die Betrachtung mit Zielwerten, die Sie im Zuge Ihrer strategischen Überlegungen für Ihre Apotheke definiert haben. Wenn Sie sich erstrebenswerte Ziele für das kommende Geschäftsjahr gesetzt haben, die Sie möglicherweise sogar mit den Mitarbeiterprämien koppeln, so berechnen Sie mit diesen Zielwerten den Break-even-Point. Auf diese Weise können auch unterjährig die Prämien für Mitarbeiter gesteuert werden.

3.3 Formen und Aufgaben der Kalkulation

Nachfolgend sehen Sie die häufigsten Preiskalkulationsmodelle:

- Kostenorientierte Preiskalkulation: Dieses Modell liegt vor, wenn eine Apotheke auf Basis ihrer Kostensituation die kalkulierten Preise realisieren kann (Wunschsituation!)
- Nachfrage- und konkurrenzorientierte Kalkulation: Die Apotheke wird bei Preissenkungen der Mitbewerber mitziehen müssen, um ihren Marktanteil nicht zu verlieren. In der Regel orientiert man sich am Preis des Marktführers (häufig!)
- Preisuntergrenzen: Die Selbstkosten bilden langfristig die Preisuntergrenzen (nicht erstrebenswert!)

Diese drei Modelle werden sich in der Praxis ergänzen. Wenn Sie zum Beispiel bei der kostenorientierten Preiskalkulation feststellen, dass Sie einen Artikel nicht unter 6,66 € verkaufen sollten, die Mitbewerber ihn aber durchschnittlich für 5,99 € anbieten, dann gibt es diese Möglichkeiten:

- Sie bieten den Artikel auch für 5,99 € an und erhöhen anderweitig die Preise (Mischkalkulation).

- Sie senken Ihre Kosten, um das Produkt kostendeckend für 5,99 € anbieten zu können.
- Sie sortieren den Artikel aus.
- Sie bleiben bei 6,66 € und legen sich überzeugende Argumente zurecht, für den Fall, dass Sie vom Kunden darauf angesprochen werden. Sorgen Sie für Preistransparenz.

Wie hoch sollte der durchschnittliche Mindestaufschlag sein?

Nehmen wir an, dass die Betriebskosten der Apotheke innerhalb eines Jahres 23 Prozent vom Jahresumsatz betragen. Die Geschäftsführerin plant keine neuen Investitionen und schätzt, dass die Kostensituation im neuen Jahr unverändert bleibt. Sie kalkuliert bei jedem OTC-Artikel mit einem Aufschlag von mindestens 23 Prozent.

Der Aufschlag soll aber nicht nur die entstandenen Kosten, sondern auch noch einen Gewinn in Höhe von 9 Prozent sowie erwartete Umsatzerlösschmälerungen i. H. v. 3 Prozent (Erfahrungswert) berücksichtigen. Die Apothekerin geht ebenfalls von einem Risikofaktor (zum Beispiel Inflation) aus und schätzt ihn auf 2 Prozent vom Jahresumsatz. Die Betriebshandelsspanne besteht demnach aus allen Faktoren:

23 + 9 + 3 + 2 = 36 %

Nachfolgend wird der Kalkulationsaufschlagssatz daraus berechnet:
Kalkulationsaufschlagssatz = (36 × 100) ÷ (100 − 36) = 56,25 % vom Einstandspreis (ohne MwSt.)

Ein solcher allgemein ermittelter Aufschlag erleichtert tatsächlich die Kalkulation ungemein, verhindert aber eine verursachungsgerechte Kostenzuordnung. Treten bei benachbarten Apotheken zunehmend andere (niedrigere) Preise für dieselben Artikel auf, so ist es kaum noch möglich, so pauschal die Kosten auf die Artikel umzulegen.

Stückkalkulation

Die Stückkalkulation soll hier der Vollständigkeit halber erwähnt sein. Sie ist ein mögliches Instrument innerhalb der Kalkulation, dient aber nur unzureichend dem praktischen Apothekenerfolg. Kosten und Gewinnaufschlag werden hierbei pauschal auf alle Packungseinheiten umgelegt. Daraus resultiert, dass niedrigpreisige Artikel mit einem zu hohen Aufschlag belastet werden, im Freiwahlbereich Artikel sogar nie unter einem bestimmten Preis verkauft werden können. Mit statistischen Durchschnittswerten gerechnet, wäre die Annahme, dass kein Artikel unter 1,80 € im Freiwahlbereich zu bekommen wäre. Dies ist praktisch nicht relevant.

Deckungsbeitragsrechnung (DBR)

Die DBR wird oft als ein „Teil- oder Grenzerfolg" der Apotheke bezeichnet. Auch hier ist das Ziel die Kostendeckung, nur dieses Mal in separaten Einheiten. Die grundsätzliche Annahme beim DB ist, dass zuerst die der unmittelbaren Geschäftstätigkeit zurechenbaren Kosten gedeckt werden, und später die Fixkosten. Zunächst werden hierfür nur die variablen Kosten berücksichtigt, um den „Teil- oder Grenzerfolg" zu ermitteln. Das dient als Maßstab für die Bewertung einer Warengruppe oder eines einzelnen Produkts (alternativ: Dienstleistung). Je höher der Deckungsbeitrag, desto höher ist die Deckung der Gesamtkosten und desto größer ist die Gewinnerzielung.

Ergibt sich ein positiver Deckungsbeitrag, so spricht man von „Überschuss"; er steht zur Deckung weiterer Unternehmenskosten zur Verfügung. Ein negativer Deckungsbeitrag bedeutet, dass die Fixkosten nicht oder nur zum Teil gedeckt sind. Das Ziel sind die Eliminierung von Warengruppen mit negativem Deckungsbeitrag sowie der Kostenausgleich durch andere Warengruppen mit positivem Deckungsbeitrag.

Berechnung:

Umsatzerlöse

–   Variable Kosten I (Warenkosten)

___

= Deckungsbeitrag 1 (Rohertrag)

–   Variable Kosten II (dem Transport o. Ä. direkt zurechenbare Kosten)

___

= Deckungsbeitrag 2

–   Fixkosten (bezogen auf den Verkaufsraum)

___

= Deckungsbeitrag 3

–   Fixkosten (bezogen auf die gesamte Apotheke)

___

= DB 4

–   Kalkulatorische Kosten (Unternehmerlohn etc.)

___

= Betriebserfolg/Unternehmensergebnis

Mathematische Umsetzung:

Legen Sie sich eine Excel-Tabelle an. Horizontal bilden Sie alle Warengruppen ab, vertikal übernehmen Sie das obige DBR-Schema:

	Vitamine	Kosmetika	Aromen	Tee ...etc.
Umsatz				
− Variable Kosten				
= DB 1				
− Variable Kosten II				
= DB 2				
− Fixe Kosten I				
= DB 3				
− Fixe Kosten II				
= DB 4				
− Kalkulatorische Kosten				
= Betriebserfolg				

Anwendbarkeit der Deckungsbeitragsrechnung bei Apotheken:
- Sortimentsgestaltung (speziell semiethische und OTC-Produkte)
- Bewertung einzelner Apotheken
- Allgemeine Kostensteuerung
- Bei Überlegungen der Fremd- bzw. Eigenleistung

Vorteile:
- Einblick in die Erfolgsstruktur der jeweiligen Warengruppe etc.
- Möglichkeit der Beurteilung, ob die Warengruppen rentabel sind oder aufgegeben werden sollen.

Nachteile:
- Sehr zeitaufwändig und für Apotheken mit einem geringen Non-Rx-Bereich (< 20 %) irrelevant.

> **Merke: Erfolgsorientierte Preisuntergrenzen**
> Kurzfristig: Variable Kosten müssen gedeckt werden.
> ● Langfristig: Variable <u>und</u> fixe Kosten müssen gedeckt werden.

Differenzkalkulation

Die Differenzkalkulation benötigen Sie, wenn Sie bei Ihren Einkaufskonditionen nicht Ihre Kosten aufschlagen können, sondern den Marktpreis halten wollen/müssen. Sie errechnen in diesem Fall, wie viel Gewinn Ihnen unter diesen Bedingungen verbleiben wird. Nehmen wir an, dass der Wettbewerber sein Produkt für 125 € anbietet und mit einem Bonusprogramm arbeitet (3 Prozent Rabatt):

1. Schritt: Ermittlung des Selbstkostenpreises
   Selbstkostenpreis = AEK + Handlungskostenzuschlag
   121 €   = 100 € + 21 € (21 % als Annahme)

2. Schritt: Ermittlung des Barverkaufspreises
   Barverkaufspreis = Wettbewerber-AVK − Rabatt
   121,25 €   = 125 €   − 3,75 € (3 % Rabatt als Annahme)

3. Schritt: Differenz bilden aus den beiden Werten = Gewinnanteil
   121,25 € − 121 € = 0,25 €

Bei den angenommenen Werten machen Sie also lediglich 25 Cent Gewinn, wenn Sie den Artikel zum Marktpreis abgeben.

Rückwärtskalkulation

Stellen Sie fest, dass sich bestimmte Produkte in Ihrem Wettbewerbsumfeld fest mit einem bestimmten Preis etabliert haben, sollten Sie versuchen, die Einkaufskonditionen hierfür zu verbessern oder möglicherweise das Produkt aus dem Sortiment zu nehmen. Dadurch vermeiden Sie beispielsweise ständige Preisdiskussionen mit Kunden. Mithilfe der Rückwärtskalkulation finden Sie den notwendigen Einkaufspreis, um einen von Ihnen gesetzten Gewinn zu halten und den Marktpreis anbieten zu können. Dieses Wissen hilft Ihnen bei der Optimierung der Einkaufskonditionen.

Beispielrechnung Rückwärtskalkulation:

Wettbewerbs-VK-Preis brutto		145,00 € Ihr AVK: 157,48 €
Wettbewerbs-VK-Preis netto		125,00 €
− Rabatt	4%	5,00 €
= Barverkaufspreis		120,00 € Entspr. 107%
− Gewinn	7%	7,85 €
= Selbstkostenpreis		112,15 € Entspr. 122%
− Handlungskosten	22%	20,22 €
= Apotheken-EK-Preis (AEK)		91,93 € Ihr AEK: 100,00 €

In unserem Beispiel müssten Sie einen Einkaufspreis von 91,93 € mit Ihrem Lieferanten aushandeln, bei dem Sie bisher einen Preis von 100 € gezahlt haben. Vereinfacht rechnen Sie:

Apotheken-EK-Preis (AEK) netto =
[1 − (Handelsspanne (HS) ÷ 100)] × Apotheken-VK-Preis (AVK) netto

Sonstige Kalkulationsmodelle

Die bisherigen Formen der Kalkulation erscheinen statisch und haben hauptsächlich die Gewinne im Fokus. Moderne Controlling Ansätze empfehlen zudem die Beachtung von Nachhaltigkeit und Stabilität von Umsätzen und Gewinnen. Dies kann man umsetzen, indem verschiedene Kundenfaktoren bzw. Zielgruppenmerkmale der Apotheke in die Betrachtung mit einbezogen werden. Lesen Sie dazu mehr im nächsten Kapitel.

Fragen auf dem Weg zur Preisfindung, die die Kalkulation komplettieren:

- Was muss das Produkt oder die Leistung mindestens kosten (Kostenpreis)?
- Was ist zu tun, wenn der Kostenpreis über dem erzielbaren Marktpreis liegt (zum Beispiel Anpassung der Zielgruppe oder Kostenreduktion)?
- Welchen Preis verlangen die Mitbewerber für das gleiche Produkt (Marktpreis)?
- Welcher Mitbewerber hat den höchsten Preis?

- Wie unterscheidet sich dieser von Ihrer Apotheke (Preis-Leistungs-Verhältnis)?
- Wie können Sie Ihre Leistung steigern, um den notwendigen Kostenpreis zu erzielen?
- Wo können Sie Kosten einsparen, um sich dem Marktpreis zu nähern?
- Welchen psychologischen Preis können Sie ansetzen (zum Beispiel 9,99 € oder 10,00 €)?
- Können Sie Preisnachlässe geben (Rabatt, Skonto), und wenn ja unter welchen Bedingungen?
- Müssen gegebenenfalls Kosten für den Transport mit in den Preis einkalkuliert werden?
- Akzeptieren Sie zusätzlich Kreditkartenzahlungen?
- Sind weitere Rabatte (Kundenkarten) eingepreist?

3.4 Die Apotheken-Zielgruppen und ihre Bedürfnisse

Mit Sonderangeboten und Aktionen können Sie bei unterschiedlichen Zielgruppen – möglicherweise unbewusst – ungünstige Effekte auslösen. Die Stammkunden sehen den Preisnachlass auf Medikamente, die sie zuvor bei Ihnen teurer eingekauft haben, und sind dadurch verärgert. Neue Kunden kommen möglicherweise nur, um den Rabatt zu bekommen, kehren nach der Aktion jedoch nicht mehr zurück.

Stammkunden
Viele chronisch Kranke nehmen in der heutigen Zeit die Möglichkeit der Medikamentenbeschaffung über das Internet wahr. In immer mehr Fällen bieten Versandapotheken spürbare Preisvorteile für den Kunden. Es ist Ihre Aufgabe als Apotheker, solche Kunden wie auch weitere Stammkunden durch attraktive Kundenbindungsmaßnahmen langfristig zu gewinnen. Dazu gehören Kundensysteme wie zum Beispiel Kundenkarten mit Bonussystemen. Bei einem bestimmten Umsatz bekommt der Kunde einen Preisnachlass, ein Geschenk oder kann gratis eine Ihrer Beratungsleistungen in Anspruch nehmen. Hier ist cleveres Marketing gefragt. Möglicherweise ist ein so genannter Hauspreis interessant, wenn Sie bei der Kalkulation feststellen, dass Sie Ihr Preisniveau anheben müssen. Wenn Sie bestimmte Stammkunden nicht verärgern

wollen, können Sie das in Ihrer Software festhalten und diesen Kunden „ihren Hauspreis" bieten.

Laufkunden

Kunden, die unregelmäßig Ihre Apotheke aufsuchen (Laufkunden, Akutfälle), haben i. d. R. eine geringere Preissensibilität. Schnelle Hilfe ist hier gefragt. Selbstverständlich ist hier nicht die Rede von typischen Rennern, sondern von Schubladenware. Hier ist eine „gut abgesicherte" Spanne sinnvoll.

Unterscheidung im Sortiment

Ihr Vorteil einer stationären Apotheke sind immer noch gute Beratung und gewachsenes Vertrauen. Daher ist nur ein bestimmtes Sortiment für Sonderaktionen geeignet. So genannte Schnelldreher werden zwar von den Kunden stark nachgefragt, sie erwarten i. d. R. aber keine Beratungsleistung, sondern einen Preisvorteil. Für dieses Segment sind Sonderangebote also sogar ratsam.

Dennoch: Denken Sie an Ihr Image! Discountmentalität kann Ihnen schaden und den einstmals hart erarbeiteten Vorteil des Vertrauens schnell verdrängen. Sie „erziehen" sich den Kunden selbst. Daher machen Sie bei Ihren Sonderaktionen deutlich, dass es sich auch nur um solche handelt, zum Beispiel:

- „Aktion für heute, den 1.4.2025"
- „Solange der Vorrat reicht"
- „Zum Muttertag"
- „Jeden Tag ein närrischer Preis" (während der Fastnacht in Regionen, die affin dafür sind)

Zu solchen Sonderaktionen gehören auch die „Happy-Hour-Angebote", die sich wachsender Beliebtheit erfreuen. Bislang konnte kein Konzept aufzeigen, dass diese sich wirtschaftlich lohnen. Erfahrungen zeigen, dass Kunden bis auf die Minute vor der Apotheke warten und dann gezielt in der Happy Hour einkaufen. Sie versorgen sich sogar leicht im Voraus, sodass sie später nicht mehr kommen, wenn Sie Ihr Preisniveau wieder angehoben haben. Kalkulieren Sie den Rohertragsverlust ein, denn kein „Hamsterkauf" wird so groß ausfallen, dass sich die Einbußen dadurch ausgleichen würden (vgl. Exkurs, S. 144).

Preisempfehlung (UVPs/AVPs)
Ein in den Apotheken sehr häufig eingesetztes Instrument. Hierbei handelt es sich um empfohlene VKs durch den Großhandel oder Hersteller. Es steht Ihnen frei, ob Sie diesen Preis auch deklarieren. Prüfen Sie dies vorab genau in Ihrer Kalkulation.

Psychologische Preislegung
Bei der psychologischen Preislegung werden Preise optisch geglättet oder aufbereitet, damit sie einen bestimmten Schwellenwert unterschreiten. Klassisches Beispiel: 1,99 € statt 2,00 €. Dadurch wird dem Kunden ein günstiger Preis suggeriert. Er hat das Gefühl, dass er einen Preisvorteil hat. Diese psychologischen Preisanpassungen haben sich fest in den Kundenvorstellungen etabliert.

Seit Kurzem ist eine Tendenz zu „glatten Preisen" zu bemerken. Die guten Erfahrungen aus dem großen Erfolg der sogenannten 1-€-Shops liegen hier zugrunde. Warum sind diese Shops so erfolgreich und haben so enorme Zuwachsraten? Der Kunde von heute ist oft gestresst von seiner Umwelt: Parkplatzknappheit, Verspätungen im öffentlichen Verkehr, Stress im Büro und/oder im Privaten u. v. m. Kunden brauchen „Erleichterungen" beim Einkaufen. Das Addieren der Preise im 1-€-Shop ist so eine, denn es ist spielerisch einfach, sodass das Einkaufen Spaß macht. Preise wie 1,49 € und 2,79 € versucht der gestresste Kunde dagegen i. d. R. gar nicht zusammenzuaddieren und hört meist nach dem Pflichtprogramm auf, sein Körbchen zu füllen.

Ein weiterer Vorteil bei glatten Preisen liegt in der schnelleren Handhabung des Geldwechsels. Herausgeben und Nachzählen laufen klar und sachlich ab. Darüber hinaus können oft ältere Kunden das viele Kleingeld nicht gut sehen und reichen ihren Geldbeutel dem Verkaufspersonal hin. Bei glatten Preisen müssen sie sich dieser Situation nicht mehr stellen.

Ermittlung der Kostendeckung
Das Kartellgesetz erwartet von Ihnen, dass die Preisfindung von Ihnen bestimmt wird und nicht in Form von Absprachen stattfindet. Wenn Sie also Ihren Preis definieren wollen, so sollte das kaufmännische Vorsichtsprinzip greifen und zumindest die Kostendeckung gewährleistet sein. Hierbei ist es von entscheidender Wichtigkeit, welche Software Ihnen in der Apotheke zur

Verfügung steht und wie gezielt Sie diese einsetzen. Das nachfolgende Beispiel wurde exemplarisch mit einer Apotheke getestet, die wenig bis kaum Softwaretools zur Preiskalkulation benutzte.

Das benötigen Sie, um dieses Beispiel für Ihre Apotheke nachrechnen zu können:

- Die BWA des zu betrachtenden Monats
- Die Höhe Ihres kalkulatorischen Unternehmerlohns (sofern in der BWA noch nicht erfasst)
- Ihre Umsatzstruktur

Folgende Monatsangaben standen abgeleitet aus der BWA zur Verfügung:

Umsatz im Monat X:	208.000 €	100 %
sonstige Erträge:	1.000 €	
Waren-EK:	172.000 €	82,7 %
Boni:	−1.000 €	
Rohertrag:	37.000 €	17,8 %
Betriebskosten	33.000 €	15,9 %
Betriebsergebnis:	4.000 €	1,9 %
Kalk. U'lohn (Worst Case):	6.000 €	2,9 %
Steuern	300 €	
Unternehmensergebnis	−2.300 €	−1,1 %

Hier ist ein sehr häufiges Ergebnis zu sehen. Die Steuer ist auf das Betriebsergebnis zu entrichten, und nicht auf das Unternehmensergebnis. Das heißt, obwohl die Apotheke im Minus ist, muss sie Steuern zahlen. Hier sind die jeweiligen Steuergesetzmäßigkeiten zu beachten, die hier jetzt aber zweitrangig sind.

Beachten Sie hierbei:
- Beziehen Sie bitte nicht sonstige Erträge mit in die Berechnung ein. Diese sind in der Regel Einnahmen aus dem nichtoperativen Bereich und als „Nice-to-have" zu sehen!
- Sollten Sie in der BWA den Wareneinkauf eingesetzt haben, korrigieren Sie diesen Posten auf den Wareneinsatz, um die Information sicherzustellen, was die Ware wirklich kostet, die Sie auf Lager haben bzw. nun verkaufen wollen.

160

Nehmen Sie Ihre Software-Anbieter mit ins Boot. Je detaillierter Sie Ihren Umsatz in einzelne Segmente zerlegen, umso besser die Ergebnisse dieses Kalkulationsbeispiels. Die jährlichen Veröffentlichungen der ABDA sehen die Trennung innerhalb des Umsatzes wie folgt vor:

Für 2022 galt:

Gesamtumsatz der Apotheke, davon	100,0 %	
Arzneimittel	91,2 % und	
A.-übliches Ergänzungssortiment	8,4 %	
Innerhalb Rx wird „*Kostendeckung*" unterstellt ☺:		
Verschreibungspflichtige AM (Rx)	83,3 %	
apothekenpflichtig davon		16,2 % des Umsatzes
verordnet[14]	7,5 %	zur *restlichen*
	1,7 %	Kostendeckung und
Selbstmedikation insgesamt	7,2 %	Gewinnerzielung

Beginnen Sie mit diesen Schritten, um zunächst grobe Erkenntnisse zu gewinnen. Entscheidend ist die Trennung nach Rx (hier ist keine Preisgestaltung möglich) und Non- Rx (Preisanpassung möglich).

Wie bereits dargestellt, ist es für die realistische Kostendeckung notwendig, nicht nur unmittelbar anfallende Betriebskosten zu erwirtschaften, sondern auch Ihren kalkulatorischen Unternehmerlohn. Ich empfehle daher den Test mit drei verschiedenen Unternehmerlöhnen. Nehmen Sie Ihren Mindestwert, den Sie erreichen möchten, einen fairen Mittelwert und eine faire Obergrenze. Es empfiehlt sich auch zu überlegen, ab einem gewissen Punkt auf hohe Gewinnentnahmen zu verzichten und stattdessen das Geld zum Beispiel in die Kundenakquise zu investieren. Aufgrund der derzeitigen wirtschaftlichen Situation arbeiten viele Apotheker jedoch ohne entsprechende Vergütung. Der Vorteil der Definition einer Unter- und Obergrenze Ihres Lohnes liegt darin, dass Sie sich ein Gehaltsspektrum errechnen, innerhalb dessen Sie

---

[14]Dieser Anteil geht immer mehr zurück, was in Konsequenz bedeutet, dass das Personal dies aufholen soll. Nur weil der Arzt es nicht mehr auf ein Rezept verordnet, bedeutet es nicht, dass es nicht weiterhin hilfreich ist. Hier sind noch Potentiale, die Apotheken nicht deutlich genug ausnutzen.

nicht reagieren müssen. Nur wenn die Ergebnisse die Toleranzgrenzen über- oder unterschreiten, besteht Handlungsbedarf.

1. Kalkulatorischer Unternehmerlohn p. a.				110.000,00 €
Mittelwert	110.000,00 € ÷ 12 Monate	=	9.166,67 €	≈ 9.200,00 €

2. Kalkulatorischer Unternehmerlohn p. a.				72.000,00 €
Worst Case	72.000,00 € ÷ 12 Monate	=	6.000,00 €	6.000,00 €

3. Kalkulatorischer Unternehmerlohn p. a.				160.000,00 €
Best Case	160.000,00 € ÷ 12 Monate	=	13.333,33 €	≈ 13.300,00 €

Berücksichtigen Sie bei der Berechnung auch Krankenkassenzahlungen, Versicherung und eventuelle persönliche Risiken. Dieses Vorgehen ist vergleichbar mit der Errechnung von Brutto- und Nettogehalt eines Angestellten.

Weitere kalkulatorische Faktoren, die zu beachten sind:

- Kalkulatorischer EK-Zins (ca. 2,5 Prozent Zinsen auf das EK)
- Kalkulatorischer Miete (wenn Sie in eigenen Räumlichkeiten sind)
- Kalkulatorischer Risiko

Nachfolgend sehen Sie die Kalkulation inklusive der Gesamtkosten. Der kalkulatorische Unternehmerlohn soll im ersten Rechengang den niedrigsten Satz abbilden. Rechnen Sie im zweiten Durchgang die gleichen Schritte erneut, allerdings mit dem höchsten kalkulatorischen Unternehmerlohn.

Gesamtkosten ohne Warenkosten:			39.300 €

Betriebskosten	Kalk. Unternehmerlohn		
Fall 1	Worst Case	Steuer	
33.000 €	6.000 €	300 €	39.300 € (100 %)

Kostenaufteilung analog der unten angenommenen prozentualen Umsatzverteilung:

	Umsatzverteilung	Kostenverteilung
Rx (Kostendeckung)	70,0 %	27.510 €
OTC (Non-Rx)	10,0 %	3.930 €
Selbstmedikation (SM)	12,0 %	4.716 €
Mediz. Produkte (mP)	3,5 %	1.376 €
Freiverkäufliche AM (fvM)	1,5 %	590 €
Sonstiges	3,0 %	1.179 €

Die Gesetzgebung setzt beim Rx-Segment Kostendeckung voraus. Dieses Segment verzeichnet jedoch auch die geringsten Spannen, d. h., es werden hier weder große Gewinne erzielt noch Verluste generiert. Würde eine Apotheke überwiegend niedrigpreisige Rx-Arzneimittel abgeben, ließe sich mit dem 8,35-€-Aufschlag je Packung durchaus Gewinn generieren. Da aber auch „Hochpreiser" abgegeben werden, relativiert sich dieser Vorteil schnell. Die letzten Jahre sind enorme Kosten auf die Apotheken zugekommen und es gab keine Anpassung innerhalb der Vergütung (Kombimodell). Wer also immer noch beim Rx-Segment eine Kostendeckung erreicht, ist ein Kostenmeister! Ich hoffe, nicht zu Lasten der Qualität oder der Selbstausbeutung.

Die Herausforderung liegt im Non-Rx-Segment, denn entscheidend ist, ob die Preise hoch genug sind, dass die angenommenen Kosten gedeckt werden können. Vereinfacht lässt sich festhalten: Ein teures Produkt trägt verhältnismäßig viele Ihrer Kosten, ein billiges Produkt trägt wenige. Die Kostenverteilung verläuft analog zum Umsatz. Nehmen Sie für Ihre Berechnung daher 100 Prozent Ihrer Kosten und verteilen Sie die Kosten auf die prozentualen Anteile der einzelnen Segmente.

Das oben genannte Beispiel wurde mit einer Apotheke durchgeführt, die POR im Einsatz hat. Das heißt, sie war nicht in der Lage, die jeweiligen Wareneinsätze den Umsätzen zuzuordnen. Eine Apotheke mit POS kann das. Sollten Sie POS einsetzen, so übernehmen Sie die jeweiligen Wareneinsätze in die Zellen. Wer POR benutzt, hat zunächst keine andere Chance, als seine Warenkosten analog zum Umsatz umzulegen. Wir unterstellen also zunächst vereinfachend, dass der Rx-Anteil kostendeckend ist und dass der Non-Rx-Bereich so kalkuliert sein muss, dass die restlichen Kosten gedeckt sind. Dazu übernehmen Sie die Daten in die nachfolgende Tabelle.

Umsatzaufteilung nach Segmenten

	Gesamt	Rx	OTC	SM	mP	fvM	Sonst.	
	100 %	70 %	10 %	12 %	3,5 %	1,5 %	3 %	%-uale Umsätze
Umsatz*	208.000 €	145.600 €	20.800 €	24.960 €	7.280 €	3.120 €	6.240 €	in €
− WE*	171.000 €	119.700 €	17.100 €	20.520 €	5.985 €	2.565 €	5.130 €	Aufteilung Wareneinsatz
= Rohertrag	37.000 €	25.900 €	3.700 €	4.440 €	1.295 €	555 €	1.110 €	Umsatz − WE
− Kosten	39.300 €	27.510 €	3.930 €	4.716 €	1.376 €	590 €	1.179 €	Kostenverteilung, analog zum Umsatz
= Ergebnis	−2.300 €	−1.610 €	−230 €	−276 €	−81 €	−35 €	− 69 €	= Rohertrag − Kosten

* Diese Werte lassen sich leicht über die Kassensysteme festlegen.

Auswertung:

Da im Rx-Bereich Kostendeckung unterstellt wird, müssen die 1.610 € auf die restlichen Segmente umverteilt werden. Des Weiteren ist zu erkennen, dass die Apotheke ein negatives Gesamtergebnis aufweist. Für die Ursachenanalyse ist die Erkenntnis, welches Segment welches Ergebnis einbringt, hilfreich. In unserem Beispiel schließt der Rx-Bereich mit einem Minus von 1.610 € ab. Das sollte jedoch laut unserer Grundannahme ausgeschlossen sein. Wir gehen generell von Kostendeckung im Rx-Bereich aus. Diese Kostenunterdeckung entsteht wahrscheinlich im Non-Rx-Bereich. Wir müssen also im nächsten Schritt garantieren, dass die restlichen Segmente dieses Defizit abfangen und der Rx-Bereich kostendeckend abschließt. Das Ziel der nächsten Tabelle: das Rx-Segment auf null zu bringen und die Kostenunterdeckung von 1.610 € auf die Non-Rx-Segmente umzulegen. Dies ist durch die Gewichtung der Ergebnisse der Segmente möglich. Bitte bedenken Sie, dass immer noch die Wareneinsätze analog zum Umsatz umgelegt sind. POS-Apotheken haben hier bereits richtig gewichtete Ergebnisse und können wie folgt vorgehen: Ein erfolgreiches Segment trägt einen größeren Teil der Unterdeckung, und umgekehrt.

	Gesamt	Rx	OTC	SM	mP	fvM	Sonst.
	100 %	70 %	10 %	12 %	3.5 %	1,5 %	3 %
Ergebnis 1	−2.300,00 €	−1.610,00 €	−230,00 €	−275,00 €	−81,00 €	−35,00 €	− 69,00 €
	−2.300,00 €	− €	690,00 €				
	100 %	−	33,3 %	40 %	1⁎,7 %	5 %	10 %
	−1.610,00 €	− €	−536,67 €	− 644,00 €	−187,83 €	−80,50 €	−161,00 €
Ergebnis 1.1	−2.300,00 €	− €	−767,00 €	−920,00 €	−258,00 €	−115,00 €	−230,00 €

	Gesamt	Rx	OTC	SM	mP	fvM	Sonst.
Umsatz zur Kostendeckung	145.600,00 €	21.566,67 €	25.880,00 €	7.548,33 €	3.235,00 €	6.470,00 €	
Steigerung um	0 %	4 %	4 %	4 %	4 %	4 %	

1. Schritt: Addieren Sie die Ergebnisse der Non-Rx-Segmente:

    230 + 276 + 81 + 35 + 69   = 690 (alles im Minus)

2. Schritt: Legen Sie die Gewichtung der Ergebnisse fest:

    690 = 100 % →: 230   = ? %

         = 33,3 % usw.

3. Schritt: Legen Sie die 1.610 € anhand der neuen Prozentwerte um. 1.610 € entsprechen dann 100 %:

    100 % = 1.610 € → 33,3 %   = ? €

         = 536,67 € usw.

4. Schritt: Addieren Sie die neuen Ergebnisse zu den alten dazu: 230 € + 536,67 €

         = 767 € (gerundet) usw.

Erkenntnis am Bespiel OTC: Ursprünglich wies das Umsatzsegment ein Minus von 230 € auf. Da nun die Kostenunterdeckung aus dem Rx-Bereich umgelegt wurde, kommt eine zusätzliche Belastung von 536,67 € hinzu, sodass auf das OTC-Segment insgesamt ein Minus von 767 € entfällt.

5. Schritt: Addieren Sie die neuen Ergebnisse zum ursprünglichen Umsatz, um zu erfahren, wie viel Sie einnehmen müssen, um in diesem Segment kostendeckend zu arbeiten: 20.800 € + 766,67 € = 21.566,67 € (= +4 %) usw.

Zweite Erkenntnis am Bespiel OTC: Der Umsatz muss um 4 Prozent gesteigert werden. Hier stehen Ihnen diverse Möglichkeiten zur Verfügung:

1. Sie können mehr Packungen verkaufen (was allerdings auch einen höheren Wareneinsatz zur Folge hat).
2. Sie machen eine Preiserhöhung um den errechneten Prozentwert, das bedeutet, Sie erhöhen alle Preise im diesem Segment um 4 Prozent.
3. Sie optimieren die durchschnittlichen Preiserhöhungen über eine Mischkalkulation. Wenn Sie ein Produkt um nur 3 Prozent erhöhen, weil Sie glauben, es sonst nicht mehr verkaufen zu können, müssen Sie bei einem anderen (evtl. gleich teuren und weniger preissensiblen) Produkt den

Preis um 5 Prozent erhöhen, um eine durchschnittliche Preiserhöhung von 4 Prozent zu gewährleisten.

Fazit

Die pauschale Verteilung der Warenkosten analog zum Umsatz erfordert eine Preiserhöhung um 4 Prozent über das ganze Sortiment. Wenn Sie es schaffen, die tatsächlichen Warenkosten den Segmenten zuzuordnen, werden Sie unterschiedliche Prozentwerte pro Segment erhalten. Möglicherweise stellen Sie dann fest, dass bestimmte Segmente kostendeckend sind und nur ein bestimmtes Randsortiment preislich optimiert werden sollte. Des Weiteren gehören auch die Betriebskosten und der Unternehmerlohn zu den Kosten, die gedeckt sein müssen. Optimal wäre natürlich nicht nur eine Kostendeckung, sondern auch ein Gewinn. Dieser ist beispielsweise durch einen höheren Aufschlag zu erreichen. Bleiben Sie dabei jedoch stets sensibel, wie hoch die Marktpreise in Ihrem Umfeld sind.

Beispiel für verursachungsbasierte Kostenzuordnung

Bei der Vielzahl von Produkten in der Apotheke ist eine verursachungsgerechte Kostenzuordnung sehr umfangreich und bindet viel Zeit. Dies sollten Sie erst im zweiten Schritt angehen, wenn Sie erste wichtige Erkenntnisse aus dem obigen Beispiel ziehen konnten. Eine weitere Möglichkeit, um Kosten auf Produkte umzulegen, zeigt das folgende Beispiel: Nehmen Sie eine Warengruppe oder ein einzelnes Produkt und lösen Sie aus Ihrer BWA die Angaben heraus, wie sich die Kosten prozentual auf den Umsatz aufteilen. Falls Sie die Prozentangaben bereits an den Rohertrag koppeln, übernehmen Sie bitte entsprechend diese Werte. Verwenden Sie bei der nachfolgenden Berechnung die Werte aus Ihrer eigenen BWA analog zur folgenden Tabelle:

Umsatz Kosmetika „Schöner Schein" pro Monat

Umsatz	5.000 €	100%
− WE	3.000 €	
= Rohertrag	2.000 €	→*1. Schritt

Angaben aus der BWA

		% v. Umsatz	
Personal	425 €	8,5 %	
Raumkosten	60 €	1,2 %	
Versicherungen u. a.	15 €	0,3 %	
Marketing	75 €	1,5 %	
Instandhaltung	5 €	0,1 %	
Porto/Büro	10 €	0,2 %	
PKW	75 €	1,5 %	
Beratung	5 €	0,1 %	
Steuern	20 €	0,4 %	
AfA	30 €	0,6 %	
Zinsen	75 €	1,5 %	
Betriebskosten	795 €	15,9 %	
Unternehmerlohn	145 €	2,9 %	
Gesamtkosten	940 €		→*2. Schritt

Rohertrag	2.000 €	
− Gesamtkosten	940 €	
= Ergebnis Kosmetika	1.060 €	→*3. Schritt

1. Schritt: Setzen Sie den Gesamtumsatz mit Kosmetika auf 100 Prozent:
5.000 € = 100 %

*2. Schritt: Nehmen Sie die Prozentangaben bei den Kosten aus der BWA und setzen Sie sie ins Verhältnis zum Gesamtumsatz, also 5.000 €, 100 Prozent. Hier am Beispiel der Personalkosten:
100 % = 5.000 € →8,5 %   = ? €
= 425 € usw.

*3. Schritt: Verfahren Sie so weiter, bis Sie alle Kostenpositionen ermittelt haben und eine Summe der Gesamtkosten ziehen können.

Ermitteln Sie den Rohertrag für Kosmetika und ziehen Sie zum Schluss
die Gesamtkosten davon ab:

2.000 € – 940 €   = 1.060 €

Dies ist eine einfache Kostenzuordnung analog zum Umsatz (oder gegebenenfalls zum Rohertrag). Zunächst lässt sich ablesen, dass die Kosmetika ein Ergebnis von 1.060 € erwirtschaften.

3. Schritt: Ermittlung der „echten" Kosten und Austausch der Positionen
    oben gegen diese Kosten.

Um die realen Verhältnisse abzubilden, errechnen Sie in diesem Schritt die
Kosten, bezogen auf den Anteil der Kosmetika im Sortiment. Diese verfeiner-
ten Werte tauschen Sie gegen die Prozentwerte von oben aus.

- Personalkosten: Messung der tatsächlichen Arbeitsleistung der MA für
  die Kosmetika monatlich. Gerade die Personalkosten sollten möglichst
  genau zugeordnet werden. In der Praxis erweist sich diese Messung jedoch als schwierig, da die Mitarbeiter genau notieren müssen (idealerweise über einen Zeitraum von mindestens 3 Monaten), was sie wie
  lange machen. Dabei dürfen sie keine Aufgaben vermischen, sondern
  müssen sich allein auf Kosmetika beziehen. Wenn aber ein Kunde nicht
  nur Fragen zu den Kosmetika hat, sondern vielleicht auch zur Zahn-
  pflege, so ist anschließend genau zu erfassen, wie viel der Beratungszeit
  wirklich den Kosmetika zuzuordnen ist. Motivieren Sie Ihre Mitarbeiter
  dazu, diese Analyse mitzumachen, und machen Sie ihnen die Wichtigkeit davon klar. Bei der Kostenberechnung brechen Sie dann zunächst
  die Personalkosten pro Mitarbeiter auf die Minute herunter und multiplizieren anschließend die Kosten mit der erfassten Dauer. Beachten Sie
  bitte, dass Sie hier nicht nur das Bruttogehalt ansetzen müssen, sondern
  auch alle Lohnnebenkosten (Sozialabgaben, Schulungen, Weihnachtsfeier, Berufskleidung). Wer bestellt außerdem die Kosmetika, zeichnet
  sie aus, berät wie lange? Berücksichtigen Sie, dass bei der Berechnung
  wahrscheinlich unterschiedliche Mitarbeiter mit unterschiedlichen
  Kosten pro Minute zu berücksichtigen sind.

- Miete/Raumkosten: Ein sinnvoller Schlüssel zur Umlage dieser Kosten ist der Anteil der Ausstellungs- und Lagerfläche für dieses Segment an der Gesamtfläche. Wenn Sie durch das Category-Management auch den Wert Ihrer Regale kennen, können Sie die Zuordnung noch genauer machen.
- Marketing: Explizit für ausgewählte Waren entstandene Kosten sind diesen direkt zuzuordnen (Direktwerbung wie Flyer, Schaufensterdekoration etc.). Imagewerbung, die sich auf die gesamte Apotheke bezieht, legen Sie über alle Produkte hinweg analog zum Umsatz um. Wenn Ihr Umsatz also durch 70 Prozent Rx-Artikel entsteht, so entfallen entsprechend 70 Prozent der allgemeinen Marketingkosten auf Rx. Eine andere Möglichkeit ist, die 100 Prozent der Marketingkosten rein auf die Non-Rx-Segmente zu verteilen. Der Effekt verhält sich proportional zum Umsatz: Ein teures Produkt muss auch hohe Marketingkosten tragen und umgekehrt.
- PKW: Die Kosten für Ihren PKW können Sie mittels Fahrtenbüchern oder Auflistung der Lieferungen erfassen. In diesem Fall stellt sich die Frage, wie viel Kosmetika Sie mit dem PKW ausfahren. In der Praxis wird häufig der Botendienst für Rx eingesetzt, Kosmetika werden eher weniger ausgefahren. Daher empfiehlt es sich, die PKW-Kosten aus der Kalkulation der auf die Kosmetika bezogenen Kostensituation herauszunehmen.
- Die nun noch verbleibenden Gemeinkosten können Sie analog der Umsatzverteilung umlegen: Steuerberater, Telefon, Putzmittel und ähnliche Kosten können Sie dadurch unkompliziert in die Berechnung integrieren. Eine anteilige Umlegung auf Einzelprodukte ist in diesem Fall zu aufwändig.

3.5 Praktische Hinweise für Ihr persönliches Kalkulations-Tool

Anhand der folgenden Tabellen können Sie sich Ihr eigenes Kalkulationsschema anlegen. Die individuellen Werte gelten als Annahmen:

1. Beginnen Sie mit der Erfassung Ihrer Einkaufskonditionen

Daten aus der Abrechnung

Mein durchschn. GKV-RX-FAM Preis (netto)	43,60 €
Mein durchschn. PKV-RX-FAM Preis (netto)	63,18 €
Kassenrabatt an die GKV (brutto)	1,77 €
Großhandelskondition gesamt auf RX	4,00
Umsatz Apotheke netto gesamt	2.000.000,00 €
Kosten der Apotheke lt. BWA	412.500,00 €
Kalkulatorischer Unternehmerlohn	100.000,00 €
Umsatz Gesamt GKV	1.200.000,00 €
Umsatz Gesamt PKV	200.000,00 €
Preisaktiver Umsatz OTC	60.000,00 €
Durchschnittlicher Aufschlag auf OTC **preisaktiv**	30,00

Quelle: Konzept A, Konzepte für Apotheken GmbH, 2021

Nachfolgend sollen die Zellen Bezug auf die obigen Grunddaten nehmen.

2. Ermitteln Sie die Rentabilität im Rx-Bereich (einkaufsseitig)

Berechnung Rx-Artikel und deren Spanne (EK-Modell)

Abgabepreis pharm. Unternehmer (ApU)	32,50 €
Großhandelsaufschlag 3,15 %	1,02 €
Großhandelsfixpauschale 0,70 €	0,70 €
Apothekeneinkaufspreis (AEP)	34,22 €

Rabattfähiger AEK	33,52 €
Großhandelsrabatt	1,34 €
Effektiver AEK	32,88 €

Apothekeneinkaufspreis (AEP)	34,22 €
Apothekenaufschlag 3,0 %	1,03 €
Apothekenfixaufschlag 8,35 €	8,35 €
Apothekenverkaufspreis (netto)	43,60 €

Apothekenumsatz	42,13 €
Wareneinsatz	32,88 €
Rohertrag	9,25 €
Spanne in %	21,95 %

Apothekenverkaufspreis netto	43,60 €
GKV-Kassenrabatt netto	1,47 €
Erstattungsbetrag für die Apotheke	42,13 €

Quelle: Konzept A, Konzepte für Apotheken GmbH, 2021

Berechnung Spanne RX-Artikel

Erstattungsbetrag für die Apotheke	42,11 EUR
GKV-Kassenrabatt netto	1,49 EUR
Apothekenverkaufspreis netto	43,60 EUR
Apothekenverkaufspreis netto	43,60 EUR
Apothekenfixaufschlag 8,35 EUR o. ANSG	8,35 EUR
Apothekenaufschlag 3,0 %	1,03 EUR
Apothekeneinkaufspreis (AEP)	34,22 EUR
Apothekeneinkaufspreis (AEP)	34,22 EUR
Großhandelsfixpauschale 0,70 EUR	0,70 EUR
Großhandelsaufschlag 3,15 %	1,02 EUR
Abgabepreis pharm. Unternehmer (ApU)	32,50 EUR

GKV

Rabattfähiger AEK	33,52 EUR
Großhandelsrabatt	1,34 EUR
effektiver AEK	32,88 EUR
Apothekenumsatz	42,11 EUR
Wareneinsatz	32,88 EUR
Rohertrag	9,23 EUR
Spanne in %	21,95

Quelle: Konzept A, Konzepte für Apotheken GmbH, 2021

Berechnung Spanne RX-Artikel

Erstattungsbetrag für die Apotheke	63,18 EUR	**PKV**	
GKV-Kassenrabatt netto	- EUR		
Apothekenverkaufspreis netto	63,18 EUR	Rabattfähiger AEK	52,53 EUR
		Großhandelsrabatt	2,10 EUR
Apothekenverkaufspreis netto	63,18 EUR	effektiver AEK	51,13 EUR
Apothekenfixaufschlag 8,35 EUR o. ANSG	8,35 EUR		
Apothekenaufschlag 3,0 %	1,60 EUR	Apothekenumsatz	63,18 EUR
Apothekeneinkaufspreis (AEP)	53,23 EUR	Wareneinsatz	51,13 EUR
		Rohertrag	12,05 EUR
Apothekeneinkaufspreis (AEP)	53,23 EUR		
Großhandelsfixpauschale 0,70 EUR	0,70 EUR	**Spanne in %**	**19,07**
Großhandelsaufschlag 3,15 %	1,60 EUR		
Abgabepreis pharm. Unternehmer (ApU)	50,93 EUR		

3. Ermitteln Sie die Rentabilität im Rx-Bereich GKV (verkaufsseitig)

Berechnung Rx-Artikel und deren Spanne (VK-Modell) GKV

Erstattungsbetrag für die Apotheke	42,13 €		
GKV-Kassenrabatt netto	1,47 €	Rabattfähiger AEK	33,52 €
Apothekenverkaufspreis netto	43,60 €	Großhandelsrabatt	1,34 €
		Effektiver AEK	32,88 €
Apothekenverkaufspreis netto	43,60 €	Apothekenumsatz	42,13 €
Apothekenaufschlag 3,0 %	1,03 €	Wareneinsatz	32,88 €
Apothekenfixaufschlag 8,35 €	8,35 €	Rohertrag	9,25 €
Apothekeneinkaufspreis (AEP)	34,22 €	Spanne in %	21,95 %
Apothekeneinkaufspreis (AEP)	34,22 €		
Großhandelsfixpauschale 0,70 €	0,70 €		
Großhandelsaufschlag 3,15 %	1,02 €		
Abgabepreis pharm. Unternehmer (ApU)	32,50 €		

Quelle: Konzept A, Konzepte für Apotheken GmbH, 2021

4. Ermittlung des notwendigen Aufschlags für freikalkulierbare Artikel

				Spanne IST	
Umsatz der Apotheke		2.000.000,00 EUR			
Gesamtkosten lt. BWA		412.500,00 EUR		20,63	
kalk. Unternehmerlohn		100.000,00 EUR	512.500,00 EUR	25,63	
Umsatz-Kostenverteilung				Spanne IST	
GKV-RX-Umsatz	60,00 %	1.200.000,00 EUR	263.389,66 EUR	21,95	
PKV-RX-Umsatz	10,00 %	200.000,00 EUR	38.139,63 EUR	19,07	
Gesamt-RX-Umsatz	70,00 %	1.400.000,00 EUR	301.529,29 EUR	21,54	
Umsatz-Kostenverteilung				Spanne SOLL	Aufschlag
OTC Gesamt	30,00 %	600.000,00 EUR			
davon Preissensibel	3,00 %	60.000,00 EUR	13.846,15 EUR	23,08	30,00
davon OTC max. Aufschlag	27,00 %	540.000,00 EUR	197.124,55 EUR	36,50	57,49

Quelle: Konzept A, Konzepte für Apotheken GmbH, 2021

3.6 EuGH[15], AMNOG, Corona und andere Katastrophen – aus historischer Wirtschaftsentwicklung lernen

Solange Ihre Apotheke einen so hohen (über 70 %) Rx-Umsatzanteil hat, wird sie immer wieder durch gesetzliche Änderungen schwer getroffen werden. In der Vergangenheit hat es sich negativ auf den wirtschaftlichen Erfolg ausgewirkt. Es ist weniger relevant, wie der Schreck heißt, sondern wichtig ist der Effekt, den er auslöst. Wenn Arzneimittel teurer werden, geht dies zuerst zulasten der Endverbraucher, damit aber im Umkehrschluss auch wieder zulasten der Apotheke. Auch die permanenten Veränderungen, an die sich Ihr Kunde zu gewöhnen hat, tragen nicht gerade zur erhöhten Kauffreude bei.

---

[15] Preisbindung für EU-Versandapotheken entfällt

Der Kunde möchte sich nicht die Mühe machen, zu versuchen, nachzuvollziehen, welche Änderungen aus Rabattverträgen mit Krankenkassen oder aus Gesetzen wie dem AMNOG resultieren. Es entsteht generell eine wachsende Unzufriedenheit, auf die Sie als Erstkontakt in der Apotheke treffen.

Unmittelbar trafen Sie die Auswirkung des AMNOG (2012/2013) an zwei Stellen:

1. Umsatzerlöse fielen, weil 30 Cent mehr an die GKV abzuführen waren (Abschlag stieg von 1,75 € auf 2,05 € je Packung). Annahme: 35 000 Packungen x 0,30 € = 10.500 € Schaden
2. Warenkosten stiegen, weil der GH seinen Anteil an die Apotheken weitergab, was an dieser Stelle meine Interpretation ist.

Um adäquate Maßnahmen ableiten und konkret handeln zu können, ist es wichtig, den entstandenen Schaden genau zu berechnen. Wie hoch waren die Auswirkungen der Gesetzesänderungen auf Ihren Rohertrag? Lerneffekt: Änderungen nicht nur hinnehmen, sondern Schaden beziffern und über einen erhöhten Aufschlag an Kunden weitergeben (sofern möglich). In meinen Seminaren erlebte ich damals permanent verärgerte Apotheker, aber kaum einer hat den Schaden genau beziffern können. Und… raten Sie, wie viele sich getraut hätten, die erhöhten Kosten an Kunden weiterzugeben?

Der Großhandel hat damals sehr souverän und sehr lange die schlechten Konditionen aufrechtgehalten. Woher diese Kraft? Man wog sich so in Sicherheit, weil es damals noch sehr unüblich war, den Lieferanten zu wechseln. Das änderte sich langsam und ein Kampf um Kunden begann. Die daraus resultierenden Einkaufskonditionen haben im Frühjahr/Sommer 2014 ihren Höhepunkt erfahren. Dies ging sogar so weit, dass der GH bis unter die Schmerzgrenzen greifen musste. Später ließen sie sich Begriffe einfallen wie „Handelsspannenausgleich", „Strukturausgleich" oder auch „Packungswertausgleich" und Spiel ging von vorne los.

Lerneffekt bezüglich der Einkaufskonditionen: Schließen Sie sich erfahrenen Einkaufsberatern an, um schnell und effektiv handeln zu können. Kein Lieferant verrät Ihnen freiwillig seine besten Konditionen! Trauen Sie sich andererseits, auch mal den Lieferanten zu wechseln.

Ob es also gerichtliche Urteile sind, eine Pandemie oder neue Marktgegebenheiten. So lange Sie sich freiwillig dazu entschieden haben, eine öffentliche Apotheke zu führen, so lange sind Sie solchen Dingen ausgesetzt. Versuchen Sie die unvermeidlichen Katastrophen zunächst anzunehmen (heißt nicht gut finden, aber akzeptieren), um dann mit einem klaren Kopf und ohne Wut neu zu kalkulieren. Kommunikation ans Team ist dabei elementar.

So gehen Sie zur Ermittlung der Auswirkungen von Gewinneinbrüchen vor. Bitte leiten Sie aus diesem Beispiel Handlungsempfehlungen für künftig ähnliche Situationen.

1. **Auswirkungen im Umsatz**
   Wirken sich gesetzliche Bestimmungen negativ auf Ihren Umsatz aus, so berechnen Sie den Schaden pro Packung aktuell. Prognostizierten Sie die zu verkauften Packungen im neuen Jahr und multiplizieren den Schaden pro Packungen mit der neuen Menge. Der Gesamtschaden ist als Aufschlag über den non-Rx-Bereich zu kalkulieren.

2. **Auswirkungen im Wareneinsatz**
   Konnten Sie Schäden im Einkauf nicht vermeiden, so ist dies ein weiterer Kostenblock, der auf den Non-Rx-Bereich umzulegen ist. Schulungen und starke Unterstützung im Team ist wichtig, damit nicht noch weitere Schäden im Einkauf entstehen.

3. **Beide Schadensblöcke addieren und als neuen Kostenblock sehen**
   Ermitteln Sie Ihren individuellen Wert und versuchen Sie diesen Schaden zunächst als eine Art Kostenblock zu betrachten. Wenn Sie diesen Schaden nicht mit Ihrem Gewinn abfedern möchten, so bleibt Ihnen keine Wahl, als das Defizit auf den Kunden umzulegen. Ihr vorheriger Aufschlag umfasste wahrscheinlich Ihre individuelle Betriebskostensituation. Dieser Aufschlag wurde bei der Erstellung auf den Umsatz bezogen. Berechnen Sie nun, wie viel der entstandene Schaden in Prozent vom Umsatz ausmacht.

4. **Preiserhöhung im Non-Rx-Bereich um den neuen Kostenblock**
   Wenn Kunden bei Preiserhöhungen fernbleiben, potenziert sich der entstandene Schaden zusätzlich. Jede Preiserhöhung muss mit Sensibilität durchgeführt werden. Andererseits geht aus den regelmäßigen Kundenbefragungen im Apothekenbereich hervor, dass die Preistransparenz – sogar

bei Indikatorartikeln – immer noch sehr schwach ist und Kunden kaum die Preise kennen. Daher arbeiten Sie vielschichtig und nicht nur am Preis. Dennoch ist es nicht sinnvoll, sehr bekannte und mittlerweile preissensible Artikel im Preis zu erhöhen. Es verbleiben trotzdem rund 95 Prozent des restlichen Non-Rx-Sortiments, das sich hierfür eignet. Lesen Sie in meinem Marketingbuch nach, was Sie sonst noch tun können, um attraktiv zu wirken und trotzdem Gewinne zu erwirtschaften.

Sind Ihre Gewinne noch so hoch, dass Sie die Einbußen aus aktuellen Katastrophen noch verkraften können, kann hier eine strategische Entscheidung getroffen werden, wie es viele Unternehmen beispielsweise bei der Mehrwertsteuererhöhung (16 auf 19 % im Jahr 2007) gemacht haben. Nicht alle gaben die Preisdifferenz an ihre Kunden weiter. Die Akzeptanz für höhere Preise beim Kunden war in diesem Fall jedoch höher, weil die Gründe für jeden nachvollziehbar waren. Im Falle der Preiserhöhung, bedingt durch interne gesetzliche Auflagen oder ähnliche „Insider-Katastrophen", finden wir kaum Verständnis beim Kunden. Da kann noch so häufig in der Zeitung stehen, dass jede Woche zwei Apotheken schließen; die Kunden haben ihre Vorurteile und eine eingefahrene Meinung über Apothekenpreise, von der sie nur schwer abkommen möchten. Daher sind eine strategische Planung und gute Kommunikation mit den Kunden notwendig.

5. EuGH-Urteil: Preisbindung für EU-Versandapotheken entfällt

Auch diese Thematik ist ein ständiges Laster. Was darf man online und was nicht. Auch hier sind viele Maßnahmen notwendig, um sich gegen diese Riesen durchzusetzen. In meinem Marketingbuch zeige ich Beispiele auf, was man von den Versandapotheken übernehmen sollte und was Sie abhebt. Auch hier reicht der Rahmen für weitere Ausführungen nicht aus. Wir behandeln in diesem Buch den mathematisch-wirtschaftlichen Aspekt und gerade hier ist zu sagen, dass diesen Preiskampf kaum einer gewinnen kann. Daher wäre es unangemessen, jetzt hier Kalkulationsmodelle aufzuzeigen, wie weit Sie sonst noch Ihre Preise senken könnten. Das ist nicht erstrebenswert und definitiv nicht nachhaltig.

Auch gibt es derzeit wunderbare Poster und Aktivitäten, bei denen Apotheker aufzeigen, dass im Zuge der Pandemie (Ende 2020) hauptsächlich die Apotheke VOR ORT für das Überleben relevant ist. Keine Online-Apotheke kann dem Maskenansturm begegnen und Tests in der Form anbieten, wie es die stationären Apotheken tun. Doch wie lange wird es in den Köpfen der Kunden anhalten? Wird die Politik sich schützend über Sie stellen?

Überhaupt ist zu hinterfragen, warum Lieferengpässe so in der Form, wie es zu Beginn der Pandemie (Grenzsperren) der Fall war, entstehen konnten. Der Preis und die Nachfrage… Ob sich die Bauern vor die ALDI-Lager stellen oder nicht… Es ist der Kunde, der am Ende den billigen Preis haben möchte… Es gibt die teurere Ware, sowohl im Einzelhandel als auch bei Ihnen. Teurer deswegen, weil ein gewisser Qualitätseffekt inkludiert ist. Nicht aus Habgier! Doch wo wird der Kunde kaufen?

6. BGH-Urteil 2024: Wegfall Skonti-Gewährung bei Rx
Der Bundesgerichtshof (BGH) hat im Februar 2024 entschieden, dass Großhändler bei Rx-Arzneimitteln keine Skonti anbieten dürfen, die über die Spanne von 3,15 Prozent gehen. Zum Buchdruck lag die Auslegung des Gerichts noch nicht vor, lediglich die ersten Reaktionen der Lieferanten. Diese seien selbst überrascht und möchten im eigenen Sinne keine Kunden verlieren. Eine derartige Kürzung der Konditionen und somit Höherbelastung der Apotheken sei nicht gewollt. Daher betrachte ich dies wieder als einen weiteren Schlag in den Nacken „von oben" statt für die Stärkung und Erhalt unserer Apotheken zu sorgen!

3.7 Die Nachkalkulation

Nutzen Sie die Kalkulation nicht nur aktiv bei der Preisgestaltung, sondern auch zur Kontrolle bei Preisaktionen. Im Folgenden wollen wir anhand einer Beispielrechnung überprüfen, wie sich die getätigte Aktion auf den Gewinn der Apotheke auswirkt. Gehen Sie dabei so realistisch wie möglich vor und bedenken Sie, dass zum Beispiel Mehraufwand entstanden ist, weil dafür eine besondere Schaufensterdekoration angeschafft wurde oder auch Druckkosten für einen Flyer entstanden sind.

Des Weiteren sollten Sie nur Artikel einer solchen Prüfung unterziehen, die keine Saisonware sind. Wenn Vergleiche zum Vormonat gezogen werden, sind oft die Ergebnisse verfälscht durch Faktoren, die von der Apotheke nicht zu beeinflussen waren oder mit der Aktion überhaupt nichts zu tun hatten. Wetter, Urlaubszeit oder Feiertage wirken sich auf die Kundenströme aus. Dies gilt es zu berücksichtigen. Denn es bringt nichts, Aktionen losgelöst vom Jahresrhythmus zu planen. Ist beispielsweise die Heuschnupfenzeit vorbei, werden Sie mit Ihrer Aktion im Folgemonat kaum Erfolge verzeichnen können. Ebenfalls schlagen sich die Urlaubszeiten der benachbarten Ärzte, gegebenenfalls Ihres Hauptverschreibers, bei Ihren Absätzen nieder. Daher empfehle ich Aktionen und die anschließenden Nachkalkulationen sehr genau zu beleuchten und nicht zu schnelle Rückschlüsse auf den Erfolg zu ziehen.

Nehmen wir folgende Annahmen:

Ausgangssituation:
Netto-EK   = 8,20 €
Netto-VK   = 11,48 €
Preissenkung um 20 Prozent

Vor der Aktion verkauften Sie 30 Packungen des Artikels am Tag. Laut der Mehrverkaufsformel von oben ist es während der Aktion notwendig, täglich 101 Packungen zu verkaufen, um den gleichen Rohertrag wie zuvor zu erwirtschaften. Soweit die Vorgabe. Tatsächlich wissen Sie jedoch erst nach der Aktion, wie viele Packungen Sie mehr verkauft haben. Für diese Rechnung unterstellen wir, dass tatsächlich 48 Packungen am Tag verkauft wurden. Weiterhin sei angenommen, dass Sie ein Angebot Ihres Lieferanten bekommen und diesen Artikel günstiger einkaufen können (= 8 % Rabatt). Allerdings steigen die Betriebskosten durch den erhöhten Personalaufwand und gesteigertes Marketing für die Preisaktion von 21 auf 21,3 Prozent.

	Vor der Aktion	Aktion	
Verkaufspreis netto	11,48 €	9,18 €	−20 %
Wareneinsatz	8,20 €	7,54 €	−8 %
Stücknutzen	3,28 €	1,64 €	
Absatz/Menge	30 Packungen	48 Packungen	60 %
Umsatz	344,40 €	440,83 €	28 %
Wareneinsatz	246,00 €	362,11 €	47 %
Rohertrag	98,40 €	78,72 €	−20 %
Handelsspanne	28,57 %	17,86 %	
(= Rohertrag × 100 : VK)			
Rohertrag	98,40 €	78,72 €	−20 %
Betriebskosten in Prozent	21,00 %	21,30 %	1,43 %
Betriebskosten	72,32 €	93,90 €	29,83 %
Betriebsergebnis	26,08 €	−15,18 €	−58,20 %

Schon bei der obigen Denksportaufgabe war klar, dass eine Steigerung von 30 Packungen am Tag auf 101 sehr unwahrscheinlich ist. Bei der tatsächlich erzielten Packungszahl sehen Sie das konkrete Ergebnis. Im Rahmen der Nachkalkulation können Sie sowohl Ihr Defizit sehen als auch analysieren, ob und wie viel Mehrverkauf Sie an anderen Waren getätigt haben. Diese Analyse ist jedoch sehr hypothetisch. Sie können messen, wie hoch der Korbumsatz vor der Aktion war und wie hoch er nach der Aktion war. Es ist hierbei allerdings kritisch zu hinterfragen, ob die Veränderung des Korbumsatzes nur auf die Aktion zurückzuführen war.

3.8 Fazit und Schlussbetrachtung

Preisschlachten, die heute immer häufiger aufkommen, sind unternehmerisch eine große Herausforderung. Auch wenn Sie sich in einem solchen Wettbewerb gegenüber Ihrer Konkurrenz positionieren können, ist – wie oben dargestellt – ein wirtschaftlicher Erfolg fraglich. Langfristig müssten Sie dafür kontinuierlich ein Vielfaches verkaufen. Sogar in einem Land wie USA ist dies nicht machbar, wo Sie Medikamente an der Tankstelle erwerben können.

Viele Kunden wählen eine Apotheke aus Gründen aus, die nicht nur beim Preis liegen. Guter Service, freundliche Beratung, Fachkompetenz, Lieferservice etc. schaffen Vertrauen und Sympathie. Dies wird sich im Gedächtnis Ihrer Kunden verankern. Gerade heute wird dies zunehmend wichtig, da es für den Kunden durch das Internet immer leichter ist, an extrem günstige apothekenspezifische Produkte zu kommen. Diverse Apotheken-Apps zeigen heute dem Kunden ein umfassendes Angebot mit Entfernungsangaben in Metern zur nächstgelegenen Apotheke. Mit einem Barcode für das gewünschte Produkt auf dem Smartphone kann er gleich diejenige Apotheke ansteuern, die den günstigsten Preis für das Produkt über die App anbietet. In meinem Marketingbuch werden all dies Facetten aufgezeigt. Das können Sie auch durch häufige Preisaktionen nicht mehr wettmachen. Setzen Sie daher auf Kundenbindung und Mehrwerte, die bei Ihren Kunden außerhalb des Preiskampfes punkten.

Die bunte Apothekenlandschaft kann sehr viele Apotheken aufzeigen, die sogar komplett ohne Angebotsaktionen täglich zufriedene Kunden vorweisen. Es ist mehr der eigene Druck, die eigenen Sorgen, die einen lähmen, statt der Tatsache, dass es wirklich auch ohne Preisaktionen geht. In diesem Buch soll es aber nicht darum gehen, ob und welche Preisaktionen richtig sind, sondern dass Sie im ersten Schritt Ihre Basis zur Kostendeckung finden und im zweiten Schritt Aufschläge berechnen können, die Ihnen eine Gewinnerzielung ermöglichen. Es ist der mathematische Ansatz der Kalkulation. Es wird darüber hinaus auch immer einen persönlichen Ansatz geben, wo jeder Mensch seine eigene Meinung zu der Machbarkeit und Umsetzung macht. Diesen Bereich ordne ich aber dem Marketing zu.
Ich wünsche Ihnen viel Erfolg bei der Berechnung. Benötigen Sie weitere Hilfen bei Ihren Grundlagen der Kalkulation, so können Sie auch meine Online-Coachings anschauen. Mit dem Kauf dieses Buches sind Sie berechtigt zu zwei

Coachings zum Preis von einem. Sie dürfen sich dann unter www.jung-aka-demie.online/ (WebCoachings für PKA und Backoffice)/ zwei Themen aus-suchen. Im Bestellfeld beziehen Sie sich auf den Kauf dieses Buches und be-nennen das weitere Coaching. Sie erhalten dann von der Jung-Akademie die weiteren Unterlagen und Zugangsdaten.

Viel Spaß mit BWL!

Verwendete Abkürzungen

ABDA	Apotheken-Dachverband
AEK	Apothekeneinkaufspreis
AfA	Abschreibungen (für Anlagevermögen/-abnutzung)
AG	Arbeitgeber
AM	Arzneimittel
AMNOG	Arzneimittelmarktneuordnungsgesetz
AN	Arbeitnehmer
ANSG	Apothekennotdienstsicherungsgesetz
ApU	„Herstellerabgabepreis", vor einigen Jahren durch die Bezeichnung „Abgabepreis pharmazeutischer Unternehmer", abgekürzt ApU, ersetzt worden
AV	Anlagevermögen
AVK	Apothekenverkaufspreis
BEP	Break-even-Point
BV	Bestandsveränderungen
BWA	Betriebswirtschaftliche Analyse/Auswertung
CF	Cashflow
DAV	Deutscher Apothekerverband
DB	Deckungsbeitrag
EBITDA	Earnings Before Interest, Taxes, Depreciation, and Amortization (Gewinn vor Steuer, Zinsen, Abschreibungen)
EK	Eigenkapital
EK	Einkaufspreis
EKR	Eigenkapitalrentabilität
ESt.	Einkommenssteuer

EuGH	Europäischer Gerichtshof
FK	Fremdkapital
GH	Großhandel
GMG	Gesetz zur Modernisierung der gesetzlichen Krankenversicherung 11/2003
GKR	Gesamtkapitalrentabilität
GKV	Gesetzliche Krankenversicherung
GuV	Gewinn- und Verlustrechnung
HRx	Umsatzerlöse mit hochpreisigen AM
IBV	Interner Betriebsvergleich (eine weitere BWA-Bezeichnung)
kfm.	kaufmännisch
KV	Krankenversicherungen allg.
kum.	kumuliert
MHD	Mindesthaltbarkeitsdatum
MwSt.	Mehrwertsteuer
OTC	„Over the Counter" – hierzu zählt das freiverkäufliche Ergänzungssortiment wie Nahrungsergänzungsmittel ohne Apothekenpflicht, Diätprodukte oder Kosmetika
PKV	Private Krankenversicherung
POS/POR	Warenwirtschaftssysteme der Apotheken: Man unterscheidet nach POR (Point of Reordering) und POS (Point of Sale)
Rx	Rezeptbereich – verschreibungspflichtige Arzneimittel
UV	Umlaufvermögen
UVP	Unverbindliche Preisempfehlung
VK	Verkaufspreis
VG	Verschuldungsgrad
WE	Wareneinsatz

Weitere Bücher von Marcella Jung – Literaturempfehlungen

Marcella Jung: **Führungsstrategien in der Apotheke – Leistung belohnen, Verantwortung teilen**, 2016, ISBN: 978-3774113381. U.a.:
- BWL ist immer auch ein Bestandteil in Ihrer Führungskommunikation
- Bitte vermeiden Sie falsche Kennzahlen zur Prämienanwendung

Marcella Jung: **Controlling in der Apotheke – Wirtschaftlicher Erfolg durch sinnvolle Steuerungsinstrumente** 4., überarbeitete Auflage 9/2024, ISBN: liegt zum Buchdruck noch nicht vor – auch als Kindle. U.a.:
- Mit Erklärungen zur Umsetzung in Excel ®

Marcella Jung: **Unternehmerisch denken, besser verkaufen – Erfolgreich im Apothekenteam**, 2., überarbeitete Auflage 11/2017, ISBN: 978-3-7741-1282-7, – auch als Kindle. U.a.:
- Schreibweise ist auf Mitarbeiter in Apotheken ausgerichtet
- Handlungsempfehlungen – was tun, wenn Preise erhöht werden müssen – softe Marketingfaktoren

Marcella Jung: **Marketing in Apotheken: Wegweiser für die Praxis**, 2020, ISBN: 978-3774114494. U.a.:
- Hinweise zum digitalen Marketing
- Von Versandapotheken lernen
- Preisattraktiv erscheinen

Die Autorin

Marcella Jung,
Inhaberin und Geschäftsführung Jung-Akademie
Meine Erfahrung für Ihren Erfolg!

Studium Betriebswirtschaftslehre, DHBW Mannheim
Mehrjährige Berufserfahrung im Bereich von Service,
 Personalentwicklung und Controlling bei FRAPORT,
Wella AG und Dresdner Bank.

Dozententätigkeit u. a. an der Dualen Hochschule Mannheim, WDA – Wirtschaftsakademie Deutscher Apotheker, Universität Bayreuth, Praktischer Betriebswirt Apotheker (Kammer Sachsen), Goethe-Universität Frankf. a. M. Seit 2001 Trainer, Berater und Coach bei nationalen und internationalen Projekten in diversen Branchen. Erfahrungsschatz aus Projekten wie Service- und Kundenorientierung im Konzern der Deutschen Telekom AG oder Rittal GmbH & Co. KG

BWL in der Touristikbranche, zum Beispiel TUI, Condor oder Thomas Cook AG BWL für Betriebsräte diverser Unternehmen, zum Beispiel VION Food oder RWE

Betreuung von Finanzprojekten sowie Planspielen, Training und Coaching 1. und 2. Führungsebene, Ingram Micro Distribution GmbH, Mitsubishi Electric BV oder 1&1 Internet AG. BWL-Grundlagen für Techniker und Naturwissenschaftler.

Frau Jung hält bereits seit 2003 mit bundesweitem Erfolg Seminare und Online-Coachings für Apotheker, Steuerberater, Pharma-Außendienst-Mitarbeiter und Mitarbeiter in Apotheken, ist Dozentin und Autorin. Das Portfolio umfasst eine umfangreiche betriebswirtschaftliche Beleuchtung der Apotheke, angefangen beim 1×1 der BWA, über Kalkulation bis hin zum strategischen Management und zu Prämiensystemen in Apotheken. Gleichzeitig ist Führung von Mitarbeiter ein wichtiges Themengebiet, mit dem Frau Jung die Apotheken und Industrie mit langjährigem Erfolg schult.

Ihr Motto bei all den Themen: BWL macht Spaß!

Dank

Für meinen Papa! Während ich dieses Buch fertigstelle, gehst Du, mein geliebter Papa, die letzten Schritte. Du bist mein großes Vorbild und immer hast du mir den richtigen Weg vorgegeben. Ich hab Dich lieb. In tiefer Verbundenheit bin ich bei Dir.

Im geschäftlichen Beratungsumfeld spreche ich vor allem Herrn Jens Psczolla, Geschäftsführer der Firma Konzept A, Konzepte für Apotheken GmbH, meinen Dank aus. Sein einzigartiges Fachwissen, vor allem im Einkaufswesen der Apotheken, bietet immer wieder für mich und meine Kunden wertvolle Informationen, die auch in dieses Buch eingeflossen sind. Großartiger Mensch, sensationelles Unternehmen! Danke!

Als Unternehmensberaterin feiere ich im Jahr 2021 mein 20-jähriges Jubiläum. Daher danke ich vor allem meinen Kunden. Für Sie darf ich Seminare und WebCoachings halten. Mit Ihnen darf ich wachsen, von und mit Ihnen darf ich lernen. Ich empfinde tiefe Dankbarkeit für Ihr Vertrauen und zolle Ihnen höchsten Respekt für Ihre Leistung in den Apotheken. Es trifft mich im Herzen, laufend zu sehen, dass Apotheken weder von der Politik noch von der breiten Bevölkerung die angemessene Wertschätzung erhalten. In höchsten Krisen, wie der Pandemie, sind Sie „gut genug" und teilen kostenlose Masken aus, halten monatelang mit Mundschutz aus und stehen direkt an erster Front.

Ich wünsche Ihnen für Ihre Apotheke alles erdenklich Gute! Bleiben Sie gesund, haben Spaß an Ihrer Arbeit und behalten viele glückliche Kunden.

Gewinnspiel „Such die Maus"
Leider hat die Pandemie meinen Verlag, der die ersten vier Auflagen dieses Buches produziert hat, dazu gezwungen, das Lektorat zu schließen. Der neue Verlag konnte das bisherige Format nicht übernehmen und so haben sich bei der Umstellung einige Formatierungsfehler eingeschlichen. So haben wir für die 5. Auflage dieses Gewinnspiel ins Leben gerufen und danken den vielen fleißigen Lesern fürs Mitmachen. Die Autorin und das Lektorat haben sich alle Mühe bei der Verbesserung geben. Sie sind weiterhin gefragt, denn wir sind nur Menschen und Fehler können passieren. Finden Sie Fehler im Text, die noch neu für uns sind, erhalten Sie als Dankeschön ein anderes Jung-Buch oder ein Online-Coaching. Wir freuen uns auf Ihre Mithilfe. Schreiben Sie an: info@jung-akademie.de! Vielen Dank!